suncolor

suncolor

Mind Change in Midlife

中年好秋

人生如騎行，不論面對上坡或下坡，
我們都要好好的把路走下去

呂秋遠、曾學立、劉孟哲——著

suncolor
三采文化

御神燈
金手踏切

中山官道騎旅路線

▶東京至京都

目錄

作者序

在中年的迷惑裡，釐清自己還可以為人生做些什麼？

呂秋遠

從事律師這份職業後，花在工作上的時間，竟然出乎原本的意料。大部分的時間都在為人解決問題的時候，終於來到了五十歲的關卡。所謂的關卡，大概就是正式邁入熟年階段，必須得想想往後的人生該怎麼安排。這個想法，並不是突發奇想，而是醞釀已久的潛在念頭，律師執業多久，這念頭大概就有多久。

我很喜歡律師這個工作，畢竟讓我有機會可以發揮自己的天賦。然而，在這個領域裡，卻是非常殘酷，人性的試煉不斷的在法庭內外出現。不是只要說服法官就好，也不是在法庭裡擊敗對手就可以，委託人是不是說謊、會不會背叛，才是律師每天都得要面對的課題。這是一份極度耗損心力的工作，即便有天賦、有準備，也不一定能安然的接受這些過程，因此，從熟悉、理解這份工作，也讓這份工作占領大部分的時間後，就偶爾會出現想要逃離法院的念頭。

有趣的是，因為工作的機會與委託人聊天後，發現多數人其實都是一樣的。不論是婚姻關係、親子關係，當人生進入某個階段後，都有可能進入一個莫名所以的狀況，懷疑現在穩定的生活是不是自己想要的，想要試探人生會不會有其他的可能性。若往壞的方向發展，可能就是隨著年紀的增長，想要抓住青春的尾巴，不論是花錢如流水，或是外遇無極限，都是這種心態衍生出來的後果。

那麼，如果是好的方向呢？我試著朝自己有興趣的領域發展，也讓自己能夠找出中年以後的具體興趣或是可能性。一年前，某個春雷乍響的初夏傍晚，看到日本從東京到京都的古道，也就是中山道。當時自己正處於不知道還要往哪個方向走的時候，竟然萌生一種感動，覺得自己應該要以中年之姿走上一趟。

對於許多業餘騎手來說，這是一趟簡單的旅程；然而對我而言，這可能是一場剛好到來的及時雨，讓我在中年的迷惑裡，釐清自己還可以為人生做些什麼。

謝謝學立與孟哲，沒有他們，就沒有這次的冒險。

在旅程中的思索

曾學立

幾天前回家和我媽閒聊，她提到在我還很小的時候，就可以照著圖畫講完整本「西遊記」的故事書，原本期待我在幼兒園的說故事比賽中，可以發揮這個本事，但我卻在比賽講臺上講了一個自己杜撰的，關於神仙把人抓走的故事，現場沒有半個人聽得懂。

應該是從那個時候開始，把自己內心的想法講出來，對我來說，就變成一件很私密的事情；我也就一直環抱著這種矛盾、不安的感受，不負責任地把自己負責的文字寫完。

雖然是在書寫我們從東京騎車到京都一路的所見所聞，但其實是在寫自己的所思所想，有時候是因為路途中某些場景的觸動，有時候是和兩位夥伴的對話和互動，讓這段旅途像是活到現在的人生縮影。所以很多篇的文字，像是我寫給一

些人的情書，是來不及或平日難以啟齒的感謝和在乎，裡面寫最多是老呂（雖然不知道他有沒有看），還有夥伴孟哲、同事、爸媽、女朋友以及外婆（雖然她已經看不到了）。

如果老呂是希望能透過這一次旅行，告訴同齡者要即時去完成一些事情；我則是想要和大家分享在這個旅程中的思索，雖然不再是憑空杜撰，還是要再上臺講一次那個被神仙抓走的故事，然後，希望這次你們都會喜歡。

關於勇敢、友情、信任的故事

劉孟哲

出發前，我開玩笑的跟呂老闆說，關於這趟旅程，我們寫一本三人合著吧，呂老闆跟學立很愛寫，我很愛拍照，那你們負責文字，我負責影像，法律界還沒有出過這樣的書喔。

這趟旅程有很多面向，你可以從中年壯遊的角度出發，鼓勵更多人勇於挑戰；或者從兄弟之情，看到彼此相互照應的信任；也可從公路車旅行的觀點，感受到整場冒險的刺激。

與學立認識很久了，他喜歡精品時尚、美酒美食，更喜歡看書，也有侍酒師的執照，他不只有體面的外在，更有一個有趣的靈魂。學立也是我人生中的貴人，當初能錄取宇達法律事務所，跟著老闆工作，全靠他的極力推薦，他是一個值得信賴，值得依靠的人。

至於老闆，不誇張地說，在宇達工作的那幾年，是我出社會以後最開心的時光。老闆的關心不是無微不至的呵護，而是在你需要幫忙時，馬上跳出來說，這個我幫你處理，十足讓人感到安心，我想這就是為什麼有這麼多人會向老闆訴說心聲，尋求老闆的協助。

當初學立跟我衝著老闆說他五十歲生日，想做件大事，我們義無反顧的陪他完成這趟旅程，我們把旅程中關於勇敢、友情、信任的故事都呈現在書中了，希望讀者，能邊看書邊跟著我們回到當時，陪同我們完成這趟冒險。

01

下半場的開始

如果人生是只有營業到
午夜十二點的遊樂場，我就像是
在遊樂場打工的工讀生，賺了些籌碼，
卻始終沒有玩過遊樂場裡的設施，
而轉眼間，卻已經是傍晚六點……

到底人生要從何時開始，可以稱之為下半場？其實我也不是很確定。有一種思考模式，是以年紀作為分水嶺。例如法定退休年齡是六十五歲，或是以五十歲，也就是百年的半數，作為判斷的依據。對我而言，那是一種模模糊糊的概念，因為從擔任律師以後，生活重心就是在工作上，每天每月每年就是在法院與會議室度過，約莫就是「山中無甲子，寒盡不知年」的欠缺生活感。然而，隨著年齡逼近五十大關，事情與心情，都永遠不會這麼走。

記得那天是這樣的，因為案件的必要，在查詢資料時，意外發現在二〇二二年，臺灣平均男性壽命為七十六・六三歲，如果以現在的年紀來說，竟然已經過半。然而環顧自己的一切，如果人生是只有營業到午夜十二點的遊樂場，我就像是在遊樂場打工的工讀生，賺了些籌碼，卻始終沒有玩過遊樂場裡的設施，而轉眼間，卻已經是傍晚六點，只剩下四小時了，而最後一小時，還可能已經沒體力了。那麼，我該做些什麼？

退休。開始去認真體會這個大型遊樂場可以帶來的樂趣。否則，回到亞利安星球時，族人問起我，地球有什麼好玩的，然而我卻只能說，法院挺有趣的，這應該不是來到這裡的本意。只是，退休跟分手一樣，都是需要練習的。於是我想著退休以後要做什麼：是可以寫作、是可以到處旅遊、是可以演講、是可以繼續重訓，但是，總覺得人到中年，得要給自己一些挑戰的門檻。

在即將五十歲的時候，該是練習自己後半生的時候。畢竟臺灣平均男性壽命如果只有七十七歲，我只剩下不到三十年可以過，來做點有趣的事情吧！在四月時，剛好看到江戶幕府時代中山官道的典故，而竟然有位香港女生花了點時間騎乘公路車穿越。這時候，有個大膽的想法竟然在腦海裡萌生。如果，我是說假設，以公路車作為交通工具，從東京的日本橋做為起點，穿越中山道到京都的三條大橋，或許是一個有趣的冒險故事。

對於一個平常只有做過基本的重量訓練，以及簡單的跑步運動的人來說，這自己可以決定的人生，恐怕不到三分之一。

為了自己的晚年，我們還是得做好一些準備。

個想法其實不切實際且大膽。在此之前，我完全沒有接觸過自行車運動，連通勤車、公路車、登山車都分不清楚，爬坡沒試過，就是一個以為騎河濱公園一圈就很厲害的超級新手，我該怎麼做？這時候，我想到了學立。

學立過去曾經在我的事務所工作，在八年前，他決定自己出來獨立開業。我一直記得，身為老闆，在面試他的時候，他是這麼說的：

「老闆！我要兩個星期以後才能 on board，因為我要去騎車環島。」

「啊？不來上班要去環島？好好哦！我其實也想退休跟你去！」我羨慕的說。

後來，他在事務所三年，又經過了八年，我還是沒退休。

在萌生了要去橫跨東京到京都的念頭後，我當然要找他：「我想去走中山道。你知道的，有些事，不能等退休才做吧！」

「這麼說也沒錯。但是，老闆，你沒時間的，這麼長的旅程，大約是六百公里，這得要練習，你想要走的行程又不是河濱公園繞一圈。」他一副不相信我的樣子。

然而，後來他發現，雖然我的體力跟不上決心，但這決心卻是真的。我開始纏著他，要他帶我去買公路車，要他陪我去騎車。因為這是太難得的經驗，我又找了另一位以前的同事孟哲，現在也在他的事務所工作，他很喜歡攝影，也對運動很有興趣，他可以在路上用相機記錄我們所有的故事。團隊成型後，我們決定要在半年後，也就是十月出發。在這半年內，只要是星期日，我們就一起約騎，從最簡單的長距離河濱公園開始，一路從士林的風櫃嘴、中社路、劍南路，接著是冷水坑、中湖戰備道、烏來的福山部落、巴拉卡公路、瑞芳不厭亭，甚至是北宜公路，做長距離、高爬升的練習。剛開始，當然苦不堪言，然而在風雨無阻的訓練下，最後還是如願以償在十月，從東京的日本橋出發。

如果說，人生真有下半場，或許這是個不錯的開端。而我想跟同為中年、即將中年的我們說：

1 我們真的不會長命百歲，就算是百歲，從出生以後，我們的人生，就是在倒數。下半場大約也就是一萬多個日子而已，而下半場的燈，會慢慢的、一盞一盞的熄滅。

2 人到中年，要過什麼生活，很多時候當然不見得是我們可以決定的。然而如果沒有為自己做些改變的決心，退休以後，歲末的燈，就會熄滅得特別快。

3 有些人說，時間花在哪裡、成果就會在哪裡。然而你花時間在工作上，這個「不一定會成功」的成果，就只會在工作上展現。沒時間投資朋友、家人，那就是注定不會有好的結果。

4 中年以後，我們確實還是得為了錢煩惱，但千萬別讓自己窮得只剩下錢，而不是嘗試更多有趣的事物。

5 人到中年，工作差不多已經定型，是該開始想想晚年時我們想過什麼樣的人生了。別繼續想著工作，我們還要有點時間給自己或家人。

6 別老是為了別人想，得為自己想想。畢竟自己可以決定的人生，恐怕不到三分之一。為了自己的晚年，我們還是得做好一些準備。中年是我們最後的機會，或許過了這個村，真的就沒了下個店。

7 找個自己有興趣的嗜好來做，不需要昂貴、不需要花多少時間，但就是別老是想著抓住青春的尾巴，讓自己的生活變得混亂不堪，一場糊塗，那種代價，我們通常花不起。

8在我們這個年紀，每天可以一如往常的看到自己愛的人，就已經是幸福。盡量珍惜到了中年，還願意待在身邊陪伴你的人。

9重視健康，要運動，別讓自己的腹部高過胸部。晚年的生活品質，取決於之前的投資與努力。晚年不想病痛纏身，就在這時候好好保養自己。

10平安，對我們來說，是最需要珍惜的幸福。

讓我們開始這段奇幻旅程吧！

只要還踩得動，你就是自由的！

夥伴／學立

二〇一四年六月某一個燠熱的午后，我穿著黑色的西裝，到老呂位於南京東路的辦公室，助理接待我在會議室等他進來面試，當時要應徵擔任他的受雇律師；在會議室其實有一點緊張，我不斷用手調整領帶雙溫莎結的形狀，心想：「呂律師不知道本人是什麼樣子？」畢竟他的臉書頭像只有一隻橘貓的照片。

等了大概二十分鐘，這位事務所的主持律師打開會議室的門，還沒坐下來劈頭就說「唉，我想要退休了。」絲毫沒有顧慮面前這位菜鳥律師，會不會想加入這間主持律師即將退休的事務所，不過就像歐洲人聊天氣，華人聊小孩一樣，這或許是他打招呼的一種方式。

＊＊＊＊＊＊

我們三個約了一起吃晚餐，在敦化北路上的餐廳，這個時段從人行道可以透過出餐口看進去餐廳裡的廚房，爐子上擺著晶亮的金屬鍋具，上面不斷冒著氤氳的白色煙氣，像一部全速運轉的蒸汽火車；老劉和我也剛下班，所以在預定的座位癱坐著，一邊翻著菜單，雖然已經習慣老呂遲到，我還是撇了一眼手錶說：「晚上七點多，那老闆可能要八點多才會到。」我用自言自語的音量和老劉說。

果不其然，老呂在差不多的時間出現在門口，西裝外套沒有扣上，肩上掛著揹帶過長的公事包，持續拿著手機在講電話，他看向我們的位置，以一種周潤發在香港電影會出現的，那種聳肩穿風衣的姿態和我們打招呼，這是他的招牌動作。

「欸兄弟，我真的想要退休了，你們兩個誰幫我想一個辦法。」我們還沒點菜，他手機還沒放下，這個十年前的問題還不會有答案。

那天晚上，我們理所當然，無法討論出任何可以幫助他退休的計畫，但聊了很多或許他可以試著去做的事情，而大概是因為我當初一到職就說要請假去腳踏車環島，老呂很自然地問我：「如果可以（在任何地方）騎腳踏車，你想要騎去哪裡？」

不過我一直不是很擅長回答他這種略帶哲學意味的提問，只能有些心虛地反問：「那你想騎去哪裡？」

「不然我們去日本騎車如何？」說著，他拿出手機打開 Google map 指畫了幾個路線、幾個景點，什麼最古老的旅館、最美的富士山景，坦白說當時我印象很模糊，也沒太認真聽，只覺得他正在經歷初階段「中年危機」而說說罷了，公路車運動需要一定程度的投入，戶外騎乘沒有經過訓練其實會有危險，以他現在的狀況，買一台紅色的超級跑車可能對他來說會比較容易一些。

不過翌日中午，在南下去開庭的高鐵上，我就收到他傳來的訊息：「我在腳踏車店，要買哪種腳踏車？」

我把對話截圖傳給老劉，並訊息寫到：「他是認真的!!!」用力按了三次驚嘆號。

有時候只要訂一個看似不太可能的目標，

然後用盡辦法去完成它，

謙卑地把自己擺在各種無法預期的生命體驗裡，

享受美好的、克服困難的、忍受痛苦的、面對害怕的。

在這場近乎於探險的騎乘中，我們每個人都會在過程裡得到屬於自己的意義。

脫口秀有個段子，一名男大學生走進宿舍房間，打開門就問裡面的室友一句：「走？」室友們便紛紛起來穿衣服、穿鞋子準備一起出門，即使他們根本不知道要去哪裡，所以在大學校園內常會有一群男生在路上走，看來頗有結黨的氣勢，但只有最前面帶頭的那位眼神堅定、步伐明確，後面跟著的一個個眼神呆滯、茫然。

保羅．索魯（Paul Theroux）在書上說：「一個人在選擇路程時，其實就是在選擇主題。」旅程因此有了明確的形狀、有邏輯，也有了開始和結束。

老呂想要在退休前，練習找到自己的興趣，為退休前的自己做準備；那我呢？選擇這趟旅行對我來說的主題是什麼？意義是什麼？雖然我已經答應一起去了，他像是脫口秀裡眼神堅定走在前面的那位大學生，我則是跟在後面一臉茫然的人。

「中山道是哪裡啊？」我走到隔壁辦公室問老劉。

「就是東京到京都的一條路，好像是以前運輸貨物用的。」顯然他那天比較認真聽老呂講話。

在這趟旅程開始前一個月，老呂答應接受我一個老朋友的邀請，去他們社團進行一場演講，我當時也在現場，演講的內容裡，我第一次聽他提到這個關於人生境況的比喻；他說自己現在這個階段，像是握著滿手的遊樂券站在遊樂園裡，卻發現自己連一個遊樂設施都沒有玩過，但天色已晚，遊樂園已經快要關門了。那時候聽到這個比喻時，腦海就浮現自己獃在那個（裡面可能有老呂的）遊樂園門口的畫面，而我手裡沒有太多遊樂券，遊樂園才剛開門沒多久，但我不確定要不要走進去；滅火器說：「人生是高速公路，我是趕路的車。」要趁年輕趕路我知道，但是要趕去哪？

某次完成週末騎車訓練，我們一起坐在路邊休息，老呂坐在路邊說自己好像開始能體會騎車的樂趣了，那種可以暫時與外界切斷連結，專心面對自己的感覺；「因為只要還踩得動，你就是自由的。」我脫口而出，這不是毒雞湯形式的正能量激勵，而是我內心的真實感受，有時候只要訂一個看似不太可能的目標，然後用盡辦法去完成它，謙卑地把自己擺在各種無法預期的生命體驗裡，享受美好的、克服困難的、忍受痛苦的、面對害怕的，或許運動的本質就是如此，不必然存在什麼大道理，而是實踐中獲得自己的感受。

最後，我決定不再去糾結，這場從東京到京都的騎乘，對我來說的意義是什麼？因為在這場近乎於探險的騎乘中，我們每個人都會在過程裡得到屬於自己的意義；所以管他的，先騎完再說吧！繼續練習準備，等待開始旅程的那一刻。

02

退休是需要練習的

這些練習，
對我來說其實不只是為日本之行作準備，
而是一連串放空、找回自己的過程。

要與工作分手這件事，對於一個重度工作沉迷者來說，是相當困難的，就像起初的沉迷一樣，需要持續的練習。因此，找出一項新的興趣，或許是個開端，讓自己原有的人生，從簡單的物理變化，可以逐漸出現一些複雜的化學變化。當決定從東京一路到京都，對我而言比較像是獎賞。所以稱之為獎賞，是因為要達成這個目標，要付出的代價一點也不小，必須要從東京的日本橋開始，橫跨山梨縣、岐阜縣、滋賀縣，最後到達京都的三條大橋，全長六百二十二點一三公里，總爬升六四五九公尺。對於公路車老手而言，當然不算什麼，可是對於一個新手而言，就不會是一件容易的挑戰。

因此，從二〇二三年五月開始，就得要持續練習。對於練車計畫，由於是一張白紙，我沒有太多的想像，全憑學立決定。我們安排了兩種訓練計畫，其一是平地，練習的是距離；其二是山坡，練習的是坡度。平地部分，集中在臺北市的河濱公園，他喜歡從六號水門開始，騎到淡水往返，這樣的距離大概是六十公里；山坡部分，集中在陽明山冷水坑、巴拉卡公路、烏來三個地方。這三個地方爬升大約都是五〇〇到一〇〇〇公尺上下，坡度從4％到12％都有，應該足以面對在日本山區的挑戰。因此，每個星期日，有時二位，有時三位，我們會一起在這幾個大臺北地區的公路車地點練習。

不過，我們三位的騎車實力實在差距太大，學立已經是老手，孟哲跟我是新手，但孟哲比我年輕十歲，因此幾次以後，我開始感受到實戰的壓力與落差。學立與孟哲，把騎車當作一種單純的運動，可以長距離、高坡度，但是不能長時間，最好是四小時內就結束。我則是喜歡走走停停，尤其是在爬升、距離等耐力還沒有提升之前，我大概只能在一定距離後，就一定要停下來休息，往往時間就會被我拖累。後來我越來越喜歡一個人訓練，而不是三個人一起集體行動。許多的練車地點，我會請求學立先帶我走一遍，之後我就自己訓練。為了這次的遠征，我只能先把原本週六、週日都上班的時間，集中在週六下午。針對提升肌肉量與心肺功能的訓練，就安排在週六上午的重量訓練與週日全日的公路車練習。

河濱公園的訓練計畫不難，畢竟是平地，不過學立會要求我們的速度必須保持在平均時速二十公里左右。但是爬坡這件事，就不是這麼簡單了，一開始，連4%的緩坡都是難事，看著綿延平緩的前方，心裡只是不斷的叫苦，怎麼好像永無止境。從平菁路往冷水坑的路程，一開始的震撼坡度，竟然有8%，而且連續數百公尺，在爬坡的時候，只想著自己為什麼要找罪受。

到訓練中期以後，我學著自己單飛。最有意

找出一項新的興趣，

或許是個開端，讓自己原有的人生，

從簡單的物理變化，

可以逐漸出現一些複雜的化學變化。

不斷的放任腦袋與自己對話，在耗盡體力的同時，也認識到自己許多的不足。

思的一次旅程，應該是從「不厭亭」的挑戰。不厭亭在瑞芳，名字來源是「相看兩不厭，只有敬亭山」的李白詩句。原本以為，就是一場長距離的練習而已，一路上，就從萬隆、木柵、深坑、石碇前進。十分過了、進入雙溪，導航在這時候開始作亂，經過一段時間才回到雙溪老街。看到雙溪車站，我竟然已經不爭氣的想要搭火車回家，畢竟太陽已經開始發威。

這時候，導航第二次出錯，帶我到了福德祠，又經過一段時間，總算能往牡丹車站前進。看著身邊的轎車不斷的呼嘯而過，心裡的悲憤，無以名狀，好想就坐在車裡，一路到九份有多好。只能安慰自己「你有冷氣，我有變瘦」，這樣就好，而且我環保愛地球。然而，導航在這時候，第三次出錯，竟導引我一路往牡丹國小、松溪園、三貂親水公園，最後到了貂山古道入口。我當機立斷改成摩托車的導航路線，才又回到瑞雙公路，並且總算銜接到往不厭亭的入口。然而，問題來了，這是魔王等級，我必須在短短的九公里內，上升五〇〇公尺。從坡度7%到13%的路段，咬著牙，一路慢慢的騎上去，水早就喝完，又累又渴，耗盡所有力氣總算到了不厭亭。往下望著蜿蜒的美麗風景，心想，終於到了這裡，現在可以去九份了。魔幻的九份，人潮極多，這時候，我竟然想起了陳綺貞的〈九份的咖啡店〉這首歌。

「這裡的景色，像你變幻莫測。這樣的午後，我坐在九份的馬路邊。」

我找了一個非常不喧鬧的馬路邊，靜靜的聽著她唱歌。眼淚突然開始掉，因為我突然想起了已經過世十年的大哥。生前，他在臉書放的最後一張照片，就是他帶著老婆、小孩去九份。我總算知道，為什麼我要來了。因為，十年前，大哥來過這裡，他拍了一張夕陽的照片，放在他的臉書上。我以為我忘記了，但其實我一直記得。

「我的心，是一杯調和過的咖啡，懷念著往日淡薄的青草味。懷念著往日的堅持和現在你我的改變。」

擦乾眼淚，一路下滑，再從瑞芳、猴硐、八堵、七堵、六堵、五堵、汐止、東湖、南港、河濱公園，最終平安的回到辦公室，完成了一次全長一百二十一點六二公里、總爬升一二四八公尺的「練習」路線。

這些練習，對我來說其實不只是為日本之行作準備，而是一連串放空、找回自己的過程，因為在練習時，我可以不斷的放任腦袋與自己對話，在耗盡體力的同時，也認識到自己許多的不足。學立在我們完成旅程後，寫下了這段話：「拐你爬坡的時候，我常常說『快點拿出即將五十歲男人的氣魄』，不過，騎車跟在你後面，看著你，歪著頭，努力踩著踏板，是蠻感動的，因為你其實已經不需要這麼努力去證明什麼了。」

其實，我沒想證明什麼，至多就是，透過這些練習與自我對話，我逐漸的理解了某些道理。身為律師，習慣一切都在安排中，不喜歡有意外發生。但是公路車運動，讓我知道其實人生就是會有許多的意外，而且無法控制。我們可以做的事，就是盡其所能，而順其自然。

我們的專屬車衣

由於這趟騎旅路線會經過真田家的領地，真田氏*的鎧甲是紅色的；

而六文錢的標誌，代表視死如歸的決心和勇氣。此次就以這樣的概念訂製車衣。

* 編按：真田氏是日本戰國時代至江戶時代的武家氏族，發跡於信濃國小縣郡真田村（現長野縣上田市內）。

他，真的準備好了！

夥伴／學立

老呂拿到他新買的公路車後，他就嚷著說大家要一起練習騎車，於是我們成立了一個通訊軟體群組叫「日本中山道計畫」（其實應該要叫「中年男子危機處理計畫」）方便約時間；第一次練習是我和他兩個人，那天天氣非常好，因為早上和另外一團車友約好早上騎陽明山路線，所以我和他約騎下午五點的河濱公園。

第一次騎車我們的功課是「感受騎公路車的感覺」以及「學會變速和煞車」，不過我明顯小覷了入門公路車運動需要了解的事，他牽著墨綠色的新車從門口走出來時，穿著寬鬆的短袖的運動衫和慢跑鞋，下半身穿著一條牛仔褲，沒戴安全帽，水壺架上勉強夾著一瓶便利商店買的瓶裝水，然後看著我訕笑說：「欸，我不懂為什麼騎公路車要穿成這樣？」

很顯然，萬物都有其存在的意義，至少對公路車裝備來說是如此。

從五號水門往麥帥橋方向騎，會先爬上連接引道，跨過麥帥橋到基隆河的對岸，往左就可以一路騎往淡水北海岸，或是繞過社子島往大稻埕方向，河濱自行車道就像車友前往各處的高速公路；因為是第一次騎，我想打算帶他來回騎三十公里，在關渡自行車道前的鐵馬驛站就折返，沿途平坦沒有爬坡。想當然爾，穿著牛仔褲的他，在開始騎十公里後就開始喊屁股痛，即使我們把速度放慢到時速十至十五公里，在連續騎車約半個小時後，他身體其他部位也開始不舒服了，但他學會使用右把手上的變速器按鈕，並大概知道前後煞車的位置，當天，回到集合點大概晚上七點多，我們大概騎了二十公里，靠路邊時，他吃力地把屁股從坐墊上挪了下來，表情在路燈下看起來有點痛苦，看來已經是他的極限了。

從此之後，我們再進行了很多次的訓練，他慢慢自己學會幫電子變速器充電、輪胎打氣、戴安全帽、穿上本來讓他有點害羞的緊身車衣和車褲、使用公路車水壺……

日本騎乘的最後一天，我們要從彥根城沿著琵琶湖畔一路騎到京都，湖畔公路的某一段，我的車鍊條掉鍊，然後和後輪軸絞在一起，不得不先停下，把車子顛倒放在路邊，想辦法做一些處理，老呂和老劉後來經過，跟在老呂後面的老劉，發現在木麻黃防風林樹蔭下的我，停下來幫忙，騎在前面的老呂，因為非常專注的關係，直接唰了一聲就騎過去，他戴著紅色鏡面烤漆的安全帽，整齊地穿著紅色的車衣和車褲，車上的行李袋沒有鬆脫或搖晃，隱約還能聽見他在哼

著歌，迎著下午兩點多毒辣的陽光，以不慢的速度獨自一人在直線公路上規律踩踏著，然後逐漸縮成一個紅色的小點，消失公路的盡頭。

「他真的準備好了。」我心裡忽然覺得有點驕傲。

03

夥伴的出現

在這次的行程之前，
我只知道他們兩人是很不錯的工作夥伴，
但是，不確定他們是不是最好的
旅程夥伴。

學立與孟哲，是不折不扣的雙魚男，但是在這次的旅程之前，我對於他們的夢幻程度，其實一無所知。畢竟律師是個務實的行業，我們必須在工作時，撇除那些無謂的浪漫，因此，在這次的行程之前，我只知道他們兩人是很不錯的工作夥伴，但是，不確定他們是不是最好的旅程夥伴。曾經有人這麼說：「要瞭解一個人，就跟他一起去旅行。」這次行程，總算讓我見識到雙魚座的威力。這兩個雙魚座的男人，意外的跟天秤座超合。

學立當然是個浪漫的雙魚男。我對於他的第一印象就是雅痞，因為他來事務所面試的時候，就穿著像是藝人的深藍色外套、不甚正式但好看的襯衫，他的皮鞋就是高檔，而襪子更是五顏六色。穿起西裝，一定有袖扣，讓當時的我大開眼界。更令人傻眼的是，確定錄取以後，他對我提出的第一個要求，竟然是他想去騎單車環島，必須延後報到的時間。即使當時人力吃緊，但我還是覺得，這麼浪漫的想法，一生大概就這麼幾次，當他正式進入這個行業以後，大概這麼瘋狂的行為就會越來越少。況且，既然我是這麼務實的個性，他能填補浪漫的這部分，當然很好。

基本上，大部分的受雇律師，都會在三到五年左右離開自行開業。以他這麼優秀的條件，在三年以後，他就決定離開事務所創業。此後，我們還是有在案件上合作，也偶爾聽說他去了花蓮或臺東騎車，甚至也聽說他挑戰武嶺成功，但是，基於我對於公路車運動的興趣不高；他喜歡葡萄酒，我滴酒不沾；他朋友很多，但我卻忙於工作。因此我們只會在私生活裡有挫折時互相取暖，不會有過多休閒活動的交集。

孟哲則是另一種類型的雙魚男，雖然他就像是學立一樣貼心。說實在的，在二〇一六年來事務所應徵，他讓我印象最深刻的，竟然是帥氣的外表。在對客戶介紹他時，我常會說，「他的外號是東吳張震」，這種說法並不像「三重劉德華」、「新北金城武」一樣的自稱，而是他的憂鬱氣息、臉部線條，確實當之無愧。但是，他最加分的部分其實是他的同理心。

我們一起承辦一件八仙塵暴的民事求償案，這個案件並不容易，原因是被害人對八仙樂園負責人提出刑事告訴，已經不起訴確定。雖說民事與刑事在程序上分開判斷，只是刑事一旦不起訴，民事也會跟著容易被判決駁回。他與同事，花了非常多時間整理實務見解，希望能說服法官。在二〇二〇年，他取得了第一件勝訴判決，在過程中，他細膩的去聆聽一位當時才二十歲的小女生，全身被大火燙傷，雖然沒有燒到臉，但

即便是個性完全不同的旅伴，

只要我們願意包容彼此的缺點，

又能真正關心對方，一趟原本不可能完成的任務，

還是可以轉變為日後的回憶。

每次的復健、換藥都讓她痛苦萬分。這個女生在他的鼓勵之下，去學習美睫美甲的技能，協助其他受害者在心理上可以盡力去克服傷痛。除了律師身分，私底下的孟哲是很擅長攝影的，他也希望這些人，在心理與生理上慢慢穩定後，可以跟他一起合作攝影展，他願意無償幫這些人說話。

針對律師工作以外的興趣，學立是喝酒，孟哲則是攝影，他喜歡用攝影來說話。他總說：「攝影師會創造美好的事物。透過拍攝當時的場景、情感的交流、肢體的表現，在最後會完成一件難忘的回憶與作品。」他認為，透過攝影讓被拍攝的對象能說出自己想說的話，是這項技能最讓他著迷的地方。

我們三個人，在決定到日本冒險之前，大概就是維持幾個月一次的互動，偶爾聊聊彼此最近發生的生活瑣事而已。直到二〇二三年的五月，我突然決定，要做一件自己從來不曾想過也沒做過的事情。第一時間我想到了學立，畢竟他已經有長期的公路車經驗，跟他談過後，他建議可以邀請孟哲一起來，因為他喜歡攝影，可以在一路上的旅程留下記錄。於是在五月的某個夜晚，我們三個人聚在餐廳裡，談論著這項行程。

「我真的要去日本騎車，從東京到京都。」我認真的說。

「沒問題！老闆你說了算，我們一定全力支持。」他們兩個人竟然想也不想，異口同聲地說。後來我才知道，其實當下他們根本覺得我只是說說而已，因此隨便應付一下。畢竟，對於一個平常沒有練習自行車運動，也沒有任何一輛公路車的五十歲中年男子來說，要從東京出發，橫跨山梨縣到京都，時間只剩下六個月，應該沒有人會相信。

不過，我並不知道他們當時的允諾只是隨口敷衍，還認真的跟他們討論路線。第二天，我立刻趁著工作空檔，到了自行車店買了一輛價值不斐的公路車，而且跟他們約了星期天去騎車，這時候學立與孟哲才發現，或許我是認真的。學立從河濱公園開始，教導我怎麼在平路加速、如何使用公路車的變速、遇到山路爬坡應該如何調整姿勢與呼吸。

如同先前所說，認識一個人最好的方式，就是跟他去旅行。在這趟旅行裡，我很慶幸有這兩個夥伴，跟我一起完成這趟冒險。從這十天裡，我充分的體認到兩隻雙魚的威力，而且即便是個性完全不同的旅伴，只要我們願意包容彼此的缺點，又能真正關心對方，一趟原本不可能完成的任務，還是可以轉變為日後的回憶。如同孟哲所說：

「經過了這段旅程以後，應該沒有什麼事可以難倒我們了。」

不管什麼時候都有人罩你

夥伴／學立

家裡有兩個妹妹，我是男生又排行老大，這意味著有時候會被要求多做一些事情，但不會因此得到比較多的關愛，更像這是法定義務，然後爸媽總會說：「因為你是大哥，所以……」都快四十歲了，也早已習慣如此，但我仍然很羨慕別人有兄長，那種不管什麼時候都會有人罩你的感覺，當然，這不是一件努力就能如願的事。

老呂對我來說，就是一個大哥般的存在，出包他會罩我、被人欺負他會幫我出氣、失戀他會幫我出（餿？）主意。這次旅程前，大部分的時候，我們的互動是這樣，我通常會在工作量突破某種極限的厭世狀態下，由衷配佩服他的工作狂熱，例如，開完一整天的庭後，從南部搭高鐵返回臺北的車上，我會傳簡訊給他說：「老闆你真的很猛，我一天開三庭就快不行了。」然後他會很簡短抑或裝酷地回傳「還好」兩字。幾乎可以看到他面無表情地回著訊息；有時候是看書看到某一段文字，覺得很適合他讀，我會用手機拍下那一頁，傳給他；或在家事法庭外面遇到他時，我們會一起抽根菸。所以我們會聊心事、聊閱讀、聊工作，但從認識他開始，到當晚我們三人在京都的暮色中穿過南禪寺惣門牌樓，一路滑到八千代旅館前下車，我從來沒有想過，我會和他一起從事某種運動。而這個原因，倒不是因為他不喜歡運動，而是他是一個邊界感很強烈的人，不太容易融入團體，跟其他人要互相合作，滿身大汗後要和別人坦誠相見，不算是他的強項。

至於老劉，我們認識得很早，他是我律師職前訓練的同學。臺灣的律師考試，必須參加考試院舉行的專門職業及技術人員高等考試，通過之後依法要接受一個月的職前訓練，還有五個月的實習訓練，才能正式取得執業資格。訓練的時候我們就常玩在一起，只是他女人緣很好，身邊總是會圍著一群面貌姣好的女生，所以我們幾個比較要好的同學，常會略帶挖苦和豔羨語氣地揶揄他。比起那些訓練結束就音訊全無的人，他是那種，即使律師訓練結束，還是會出現在你生活中的朋友，因為他是一個過著有趣生活的人。有時候我們會在網路上聊個幾句，或是偶爾大家出來喝一杯。直到某一次我知道他有轉職的計畫，便推薦他到老呂的事務所當同事。

同為雙魚座的關係，老劉和我一樣興趣很廣泛，他現在的辦公室就在我隔壁，中間隔著一個玻璃牆，從我的辦公室看進去他的那間，裡面擺著高爾夫球具、古董相機、有時候還會有一些露營用的器具。我們騎車訓練的時候，他常會說：「我其實比較喜歡高爾夫，我對騎車真的還好。」之類的話，強調他主要是因為陪我們兩個一起挑戰這個旅程，這件事情本身很有趣，才甘願參加。不過，

夥伴／孟哲

沒爬過山路，沒有任何騎車的概念，
然後學立這傢伙講話起來又特別有說服力，我毫無戒心的就出發了。
而我就是在這天遇到了自行車界的第一個謊言：今天輕鬆騎。

說是這麼說，旅途中每次看到他一邊揹著單眼相機，一邊陪我們爬坡度動輒10%以上的山路。天空快下雨要迅速的把相機收進防水背包；在風景光線好的地方，想辦法在路邊用樹枝、花檯擺相機幫大家拍合照。你會知道，要找一個能一起騎車旅行，又能幫你拍出好照片的人，他無疑就是那個最佳人選。或許文字比照片能更可靠地還原現場的感受，除了是因為形成文字的過程需要更長的時間外，是因為我們有老劉這樣的夥伴，他可以在最精妙的時刻，記錄一個眼神某個動作的瞬間，甚至是空氣中的顏色。讓老呂和我可以像文藝復興時期的畫家一樣，看著素描底稿留下的光影，再慢慢把文字當油彩去堆疊出每篇文章。

騎車對我來說，是一件帶有些宿命感的事情，從小我就喜歡騎腳踏車，但沒有太認真想過原因，大概是因為喜歡騎快吧。小學五年級的時候，我騎腳踏車出了一次很嚴重的車禍，被轎車撞飛後的我，趴在炙熱的柏油路面上，看著自己的鮮血沿著路面漫開來。這次車禍在我身上留了一道很長的疤痕，好像把騎車這件事情縫進身體裡一樣，雖然之後又發生幾次騎車的摔傷，但比起拉風的摩托車或汽車，這個只有兩個輪子、驅動方式原始，只要有體力就能往前進的交通工具，對我仍然有難以抗拒的魅力。

退伍後，我從屏東出發逆時針環臺灣島一圈，建立了我第一次長時間騎行的經驗，少少的行囊、騎不完的陡坡、不預期的壞天氣、孤獨感這些常見冒險的元素，影響了二十五歲到三十歲的我，那種只要能繼續踩下去，就可去任何地方的自由和渴望，很巧妙地和當時的人生階段有共鳴。二〇二一年的生日，我送給自己一台新的公路車，也開始稍微認真練習騎車，一直騎到現在。對老呂來說我已經是一個騎車很多年的人，但我不會這樣形容自己，這時候，必須學他裝酷地說一聲「還好」。

04

夥伴的重要

這趟旅程之前，
不論是工作或生活，我都習慣單打獨鬥，
即便是團隊合作，
因為是老闆，也不習慣被照顧，
都期許自己可以當手心向下的那個人。

常常聽到這句話：「一個人走得快、一群人走得遠」，自行車運動大概也是如此。如果從距離來看，其實東京到京都，也不過六百二十二公里，就算有爬升高度，對於資深業餘者來說，也可能不難。畢竟在臺灣要做到一日雙塔都可以，我們把行程拆散成七天，怎麼會有困難？平均下來，一天不過只有一百公里不到，時速即便只有二十公里，一天的騎乘時數五小時，並不是難事，不是嗎？

起初，我也是這樣想的。然而，這種想像，落實到真正實踐的時候，差異實在太大。首先是時速的問題，對業餘新手來說，只要持續練習，能把平均時速拉到二十公里，確實不會太難，但如果加上爬坡，就不會很容易。其次，我們沒有保母車，即使遇到下雨、黑夜，我們也只能硬著頭皮往前走，沒有任何偷懶的可能。日本十月初的天黑時間，大概都在五點半左右，如果在山區，許多地方都沒有路燈，可能更早就看不到前方，只能依賴車前燈指引。

從富士河口湖的鐘山苑出發，已經是十點出頭，我們到了車站拜訪一位在當地經營民宿有成的臺灣人，在她的店裡喝了咖啡，又聽了她的建議，爬升到富士淺間神社參拜，已經耗費了不少體力。中午時，雨開始飄，我們遇到了第一個隧道、第一場大雨，也開始第一次的長距離爬坡與下坡，當時的溫度大約是十度上下，體感溫度或許更低。我在前往日本之前，其實只準備了一件基本防水的外套，根本不足以應付長期飄雨，而這件外套，在持續低溫又潮濕的情況下，無法維持身體溫度。學立發現了這一點，把自己的外套給我，不過，我拒絕了，因為即使他經驗豐富，天氣濕冷卻是客觀事實，我當然不該穿上他的外套。

然而，濕冷的天氣並沒有結束。在往奈良井的路上，同樣的情況又再度發生。當天早上氣溫依舊很低，我們從塩尻往妻籠宿方向前進，很快的身體又濕透，但是這次他沒有堅持要把外套給我。我們停留在奈良井宿的越後屋，點了蕎麥麵與五平餅。在用餐的時候，他卻像隻花貓，突然消失不見了。幾分鐘後，他

我們彼此打氣與支援，讓「相濡以沫」這個形容詞，
轉換成實際生命裡非常珍貴的經驗與友誼，
比起以單車橫越中山道的成就感，更重要許多。

帶了一件毛衣給我，示意我穿在外套內。當下看到那件毛衣的想法，其實有些彆扭，因為對於習慣照顧別人的我來說，突然發現有人會照顧你，是非常奇異的感受。

旅途中，這樣被照顧的情況一直發生。我們的行車隊形，是由學立帶隊，我居中，孟哲壓後，就是為了擔心我落隊而設計的。我們三人之中，我的速度最慢，體力也最弱，學立負責導航，他會規劃今天的騎乘行程，包括每天可能爬升的坡度、行走的里程，查閱地圖與路線，把我們一行人帶到目的地。我這種新人，對於車子的狀況不夠瞭解，但是他會在每天早上出發前，幫我們檢查車輛，看看有沒有爆胎、是不是需要補氣，教我如何正確的綁行李在車上。孟哲的角色比較溫柔，他會在我們已經被坡度與天氣折磨到精疲力竭時，悠悠的說出：「沒什麼事是一杯熱咖啡不能解決的。」始終帶著微笑面對一路上所有的挫折。即使我已經力氣放盡，他也會同步放慢，讓我們在漆黑的山路裡，始終保持相同的隊形。在決定要不要衝進深山的漆黑小路時，他也會跟猶豫的學立說：「you go, we go」。

這趟旅程之前，不論是工作或生活，我都習慣單打獨鬥，即便是團隊合作，因為是老闆，也不習慣被照顧，都期許自己可以當手心向下的那個人。如果用《莊子》裡的「相濡以沫，不如相忘於江湖」來說明，就會更有意思。這句話是說，在極端困難時彼此幫助，不如回到不需要幫忙的時候，忘了彼此就好。但是這兩位夥伴，在旅途中帶給我的啟發，卻是剛好相反。

在臺灣，我們就是相忘於江湖，但卻無法體會到「互相照顧」是多麼美好的一件事。到了異地以後，我們在沒有保母車的支援下，必須要克服惡劣的天氣、不熟悉的地形、因無法補給而持續騎車，以致於體力不斷下降等等狀況。我們彼此打氣與支援，讓「相濡以沫」這個形容詞，轉換成實際生命裡非常珍貴的經驗與友誼，比起以單車橫越中山道的成就感，更重要許多。

只要在一起，沒有克服不了的！

夥伴／學立

前面提過，在退伍的時候，我曾經一個人騎車環島，選擇一個人，單純是因為沒有其他人可以一起做這件事。當時大概用了十天環臺灣一圈，路線是比較沒有難度的濱海公路，這十天，早上沒有人會叫你起床，吃飯、休息、住宿甚至車子壞了，都得自己想辦法解決，但這些都是小事。

我迫切地享受著這份孤獨感，沒人管你今天要從幾點開始騎車、休息多久、在哪裡過夜；想在無止盡的海岸公路上衝刺、在陡峭的山路上牽車、放縱地躺在乾淨的陽光和風景裡，全憑自由。

當時比較明確的期限是，我答應老呂十天後回去上班，但在此之前沒人管我。可以為了去陌生的溫泉鄉泡湯，一天騎上一百五十公里；有時候只是因為中午在路邊攤吃完飽睏，就決定在附近的旅館休息一天。幸運的是，即使沒有嚴謹的計畫，靠著年輕氣盛，我仍然在十天內完成環島，這種無可救藥地隨遇而安與浪漫，讓我知道人生最美好的一部分，就是對於明天的未知、驚喜和刺激。

不過，有些事情雖然可以一個人做，但不會有幾個人一塊兒去做來得有趣，公路車旅行就是如此。所以這趟旅行，如果讓我再選一次，我還是會選擇和老呂、老劉一起完成。

我找到一個叫做「觔斗雲」的廠商，讓我們可以把公路車，在符合航空公司的規定下運到東京，而為了把車子裝進託運箱內，我們必須把車子的前後輪拆下並且很好地固定在箱子裡，避免運送過程中有任何碰撞。於是，我們在中秋節下午，和廠商約在老呂的事務所碰面，讓他手把手教我們怎麼拆卸零件、依序裝箱。之所以要把握這次機會學會這些，是因為一旦到東京，我們要自己把零件從箱子取出來裝好，並且確保這車子在旅途中不會散架，或遺落任何零件在路途上，順利地抵達京都後，再自己把車拆好裝回箱子裡，運回臺灣。

我和老劉（老呂當天依然有客戶預約法律諮詢）些許癡傻地望著廠商張老闆，像魔術般把車子零件逐一放進那個只比普通託運行李稍大的箱子裡，開始覺得這像是一個不可能的任務。待三台車拆完、裝好後，老呂剛好結束諮詢，走進來還有點困惑地說：「欸，我的車怎麼不見了？」

當天，老劉帶點幸災樂禍的語氣表示，「我們就來看，老呂到京都怎麼把自己把車裝回去。」

套句某個綜藝節目古早的臺詞：「歹誌不是戇人想得這麼簡單。」

夥伴／孟哲

出發前，我想過很多種無法完成這趟旅程的可能，
例如腳抽筋、爆胎、迷路，甚至是出車禍，但我就是沒想過會在第一天，
就遇到輪胎裝不上腳踏車的問題，難道我的旅程還沒開始就要結束了嗎？

人生最美好的一部分，

就是對於明天的未知、驚喜和刺激。

在抵達東京車站附近的飯店後，老呂的車子毫無懸念地，在我們的合作下完成組裝。然而，日本的傍晚時刻，餘暉在東京車站鐘樓拱頂的邊緣逐漸消失，一名年近四十歲的男子，拿著無法完成組裝的後輪組和輪軸，在東京車站附近尋找腳踏車店，那個人就是老劉。

因為腳踏車店的老闆說，沒有看到車架，無法判斷缺少什麼零件，我答應幫他把公路車架拿下樓，走出飯店電梯右轉，便看到在計程車前有些沮喪和無奈的他，我們一起把車架放進計程車的後行李廂。

「走啦，我陪你去。」我說。

我知道他自己剛才已經先走去車店了，但只會說日語的修車技師表示愛莫能助，那是位於銀座「大原哲五郎」銅像旁的 Specialized 車店，老劉的車子就是這個牌子，估計這次去只能把車架帶去再碰碰運氣，在計程車上他有點懊惱地說：「不然我就先回臺灣好了。」

有趣的是，這間店除了一開始老劉找的日本技師，後來走出一位來自高雄的臺灣技師，而且我曾經和他在某個騎車的聚會活動遇過，他熟門熟路地把車架安在維修檯上，彷彿從來沒有任何問題似地，把老劉交給他的後輪組零件組裝好，再用專業的扭力板手把輪軸擰緊，順手還幫忙把輪胎充滿氣（輪胎要把氣洩掉才能上飛機），看得我們兩個年近四十的男人感動地都快落淚了。

走出店門，我跟老劉決定在旁邊的便利商店買瓶啤酒慶祝這難得的好運，他右手扶著車子的把手，左手拿著啤酒和我乾杯，此時銀座的街道被華麗各色的燈光妝點著，我們倆個邊喝邊走，一邊閃躲迎面走來身著商務套裝的男男女女，享受著他們因為下班而些許疲憊但羨慕的眼神，我得意地說：「只要我們一起，沒有什麼問題是克服不了的吧！」老劉大口嚥下最後一口啤酒，從喉嚨發出一聲暢快的嘆息，瞇著眼喊著「沒錯」！

這是一個很神奇的時刻，因為不知道會面臨什麼考驗，但彷彿我們都會得到幸運女神眷顧，就盡情地大笑著，一個人是無法體會同甘共苦的美好。那晚東京的空氣很涼爽，夜風裡嘗得出惺惺相惜的彼此祝福。

有些事情雖然可以一個人做，但不會有幾個人一塊兒去做來得有趣。

05

雙魚座教會我的一件事

「老闆，
沒什麼事是一杯咖啡不能解決的。
如果不能解決，那就來兩杯吧！」
孟哲輕鬆的跟我說了這句話。

以星座來判斷個性，向來是許多人的習性。剛認識某些人的時候，星座是很好的話題，竟然也在某些時候，可以作為理解一個人初步印象的方法。當然，星座學是很複雜的議題，光憑一個人的生日，也無法就這麼確定如何跟對方相處，畢竟有太陽、月亮、水星、火星、金星等相位，水逆出現，也會讓很多人不知所措，卻不瞭解究竟是什麼意思。因此，有些老闆會以星座來篩選員工，不過對於這樣的方式，我還是敬謝不敏。

只是，在這次的旅程中，我還是宿命的認為，雙魚座與天秤座，終究產生了非常有意思的化學變化。

在出發前，我們就只預定了三間飯店，他們兩個人只在意出發點與終點，因為必須有運送攜車箱的地點；其餘晚上的住宿與實際路線，學立的意思都是「隨遇而安」，這讓我有些憂心，但是被出發的興奮感驅散，也沒想太多。或許因為是每天騎著公路車旅行，這兩位雙魚座男士，是不做行程規劃的。因此，我就得要時刻擔心，這個路線對嗎？晚上要住哪裡？為什麼又要爬坡？但是他們倒是很怡然自得。為了帶路，學立必須一馬當先，往往我就在背後跟孟哲抱怨。而且，隨著身體的疲累上升，對於學立的「不規劃也是一種規劃」心態，越來越不滿。

在生日前兩天，穿過山梨縣的崎嶇山路，爬升已經將近五〇〇〇公尺，最困難的部分似乎結束了，我們也總算可以從岐阜縣往滋賀縣前進，沿路大致上都是緩坡，但是，當中還是有一個難關要克服，就是關原古戰場*。這個古戰場，是十七世紀著名的「決定天下之戰」地點。我跟學立都想去看看當年爭奪天下的戰場，於是我們沿著中山道往前，只是，大雨又出現了。從赤坂宿開始，雨就越來越大，經過青墓宿時，身體已接近全濕。不過，隨著越來越接近古戰場，心情還是很雀躍的。更何況，經過富士河口湖到諏訪的暗夜大雨騎行之後，我們以為，應該沒有什麼事可以難倒我們了。

事情可沒那麼簡單。特別是已經接近終點時，其實身體的疲累也到達了某種臨界點，又再度遇到大雨，終於到達關原紀念館時，全身濕透且精疲力竭。

紀念館在五點關閉，我們到達時已經是四點半，當時人潮還是很多，可以看得出來他們充滿歡愉的氣氛，也即將打道回府。紀念館裡的餐廳，已經沒有熱食，參訪民眾大多都是家庭或情侶，他們悠閒的往停車場離去，天色逐漸昏暗，而我們三人，全身上下都是雨水，連襪子都是濕的，還不知道要往何處去。我問了學立，現在這樣的狀況，我們應該怎麼辦？繼續往前進，還是

公路車旅行，原本就充滿了意外，

當初也就是因為這樣的「意外」，

才讓我們這三個人願意聚在一起，挑戰這種有趣的行程。

編按：關原古戰場，是十七世紀，德川家康率領的東軍，在這裡打敗石田三成帶領的西軍，隨後的大阪冬之陣、夏之陣，讓豐臣秀吉的天下移轉到德川家康之手。

要後退？在關原紀念館附近，沒有任何住宿地點，而雨勢並沒有停歇的樣子，晚上住宿的地方呢？

「好，我們先到裡面看看。」他悠哉地說。

「欸，不是。我們應該要先找到今天住宿的地點，現在已經接近五點了。」外面的雨勢與灰暗的天色，讓我非常擔心。

接著，他與孟哲，就這麼濕漉漉的走進資料館，而且放心的點了咖啡。我在紀念館外，開始聯繫在富士河口湖經營民宿的臺灣朋友，請她幫我們找找附近的飯店，但是，得到的消息很令人絕望，即便在十餘公里外的米原市，也沒有像樣的飯店可以住宿。這時候，累積的無奈情緒就此爆發了。

「我們今天晚上要住哪裡，都還不知道，你們竟然悠閒的喝咖啡，這到底怎麼回事呢？」我的口氣變得非常嚴峻。

「老闆，沒什麼事是一杯咖啡不能解決的。如果不能解決，那就來兩杯吧！」孟哲竟然配合學立，輕鬆的跟我說了這句話。

聽到這句話，全身濕透的心情更糟糕，我把安全帽拿在手上，對著他們說：「現在已經將近六點，天都黑了，雨勢也沒有停下來的感覺，大家都可以搭車回家，我們等等還不知道要多久才有地方住、住哪裡，這是很嚴肅的問題，你們竟然還這麼輕鬆？」說完，我轉身到風勢比較小的迴廊，開始聯繫臺灣旅行社的朋友，請他找一間我們可能還有力氣抵達的飯店，只要乾淨就好，其他別無所求。

如果不能享受當下，不論是好或壞，

那麼參加旅行社的團體行程不是更好？

為什麼要讓自己這麼活受罪？

在等待的過程中，我就賭氣蹲坐在紀念館外，幾分鐘後，孟哲還是過來我身邊，拿了剛剛的咖啡給我：

「老闆，這杯咖啡很好喝，不要生氣了。就算要露營，我也會陪你的。」

頓時，我覺得我的「計畫控」心態，確實傷害了其他人。旅行，特別是公路車旅行，原本就充滿了意外，當初也就是因為這樣的「意外」，才讓我們這三個人願意聚在一起，挑戰這種有趣的行程。如果不能享受當下，不論是好或壞，那麼參加旅行社的團體行程不是更好？為什麼要讓自己這麼活受罪？從東京到京都，即使只有短短幾天，意外肯定很多，我們不也就一路享受意外，但也因此看到很多不同的風景嗎？

電話在這時候來了，臺灣的朋友幫我找到滋賀縣的飯店。我向這兩個好夥伴道歉。

「對不起，我天秤座的個性發作了。」我略帶心虛跟他們說，「但是我已經訂好飯店，就在三十公里外，晚上我請大家吃飯。」

「好喔！」學立樂觀地說，「才三十公里，兩小時內我們一定可以到的。」

雖然是下著細雨的三十公里，全身濕透、天色已晚，我們一路上還是看到景點就拍照，嘻嘻哈哈的完成了這次的目標。誰說，一杯咖啡不能解決問題的？不能，那就來兩杯吧！這是雙魚座教會我的一件事。

認真做一回自己

夥伴／學立

對於這個意外出現在人生中的自行車旅行，從每天繁忙工作到近乎兵荒馬亂的日常視角中看來，哪怕是路途中伴隨車輪飛濺上身的塵土和雨水，現在看起來都珍貴地閃閃發光。就像我們旅途中常常打趣著說：「這是以後可以拿出來跟孫子說嘴的事」，像是必須慎重地幀裱在相框裡的照片，放在書桌前。

或許這次的旅行，從過程和目的對老呂來說，都有一些私密，於是他展露了一些平常看不到的一面，包括他的焦慮，以及他因為焦慮所衍生出來的情緒，當然還有他一路都在忍受牙齒痛的磨練。

認識老呂快十年，我是真的幾乎沒有看過他發什麼脾氣，即使他常常是一副隨時要找人決鬥的樣子，用武俠小說的敘事法應該會是這樣：「此人面紅如棗、橫眉豎眼、聲如洪鐘，應是成名已久的綠林大老。」擔任他屬下的期間，哪怕是犯錯，他通常是板著臉一起想辦法處理，鮮少會直接發脾氣飆罵出來。

＊ ＊ ＊ ＊ ＊ ＊

抵達日本東京的時候已經是傍晚時分，隔天預計要從東京市區騎到神奈川縣相模原市，我們先討論在相模原市可以住宿的地點，選定了一間叫做「五本松割烹」的旅館，是一棟被紅色楓樹環抱的兩層樓式建築，有日本簡潔寧靜的美好想像，晚餐又有割烹料理可以吃，顯然很對我們三個人的脾胃。

因為貪吃，隔天早上還先騎去舊築地場外市場吃狐狸屋（きつねや）牛丼

飯，又在日本橋「麒麟之翼」的雕像前拍了幾張照片後，我們才緩緩地沿著國道15號出發。傍晚時分，我們騎過連接相模川兩岸的桂橋，橋下的溪水在逐漸散去的陽光下，已經是鬱鬱的青色，約莫五分鐘後就見到路邊「五本松割烹」的指示牌，大家一陣歡呼，右轉便往指示方向的小徑騎去，渾然不知，這是一間必須事前預約才會接待住客的旅館。

吃了閉門羹，但輾轉透過旅館老闆的介紹，我們在一處溪谷邊上，找到一間由民宅改建而成的背包旅社（backpacker hostel），進出必須爬上一段陡峭的階梯，雖然設備簡陋、房間地板凹陷、床上被褥還帶著山裡湖邊的濕氣，但也不妨我們三個安頓一晚。

不過有了第一天的經驗，老呂就警覺到隨著我和老劉一起「騎到哪裡，住到哪裡」不太妙，每天晚上，或是至少當天的午餐時間，就會拉著我們先討論好晚

夥伴／孟哲

我們分工明確，學立就是帶路，看導航，領騎。
我就是盯著老闆，跟他說後面有車、不要騎在路中間，
最重要的是，一路幫他撿東西。

上住哪，相當慎重。不過，在陌生的路線上進行公路車旅行，最困難的部分，就是每天騎行的里程不容易掌握，貪玩、迷路、天氣、體能、車況各種因素，都有可能會影響每天可以前進的公里數。預先設定好每天住宿的地點，期待每天都能按表操課、順利抵達，其實跟每天「騎到哪裡，住到哪裡」是一樣勉強的想法，至少我自己是這麼認為。

第二天到河口湖附近不過六十公里，爬升也才不到一〇〇〇公尺，大家開開心心住進老呂在臺灣就訂好的豪華溫泉飯店，倒也不覺得有什麼辛苦。不過，隔天前往諏訪時，就吃盡了苦頭，我們在荒山野嶺的黑暗鄉道上，頂著風雨和飛馳而過的卡車爭道，好不容易在車燈黯淡前，抵達了前一天預訂好的旅館，待梳洗完，三個人能坐下來吃晚餐，已經接近晚上十二點了。

沒訂怕要餐風宿露，訂了又不確定能順利抵達，這樣的尷尬窘境，其實一路

這個意外的自行車旅行，

哪怕是路途中伴隨車輪飛濺上身的塵土和雨水，

現在看起來都珍貴地閃閃發光。

伴隨著我們，只能壓縮提早預訂的時間，例如：改在下午才訂當天的旅館，來減少誤判的機率，前幾次託福在旅行社工作的朋友，我們很幸運都能即時找到尚有空房的旅館。

不過，就像離開岐阜城時的天空一樣，在舊中山道的路上開始飄雨，隱約還聽得見雲層裡響了幾聲悶雷，隨著雨越下越大，下午的氣溫也開始驟降，濕透的車衣即使加上防水外套，依然難以抵擋行進間迎面而來，大約攝氏不到十度的冷空氣。這一段舊中山道與ＪＲ東海道本線平行，雖然本來就計畫到關原古戰場博物館參觀，但此時倒像是不得不在這裡停下，但也接近博物館要休館的時間了，附近停車場上都是準備返家的旅客。

我們三個在博物館後面的駐車區，身體倚著旁邊幾根大柱子，企圖閃躲在古戰場上恣意流竄的陣陣寒風，但是徒勞，我們三個人開始盤算今天就此收工的念頭；這附近有幾間旅館，但網路訂房平台不是顯示客滿，就是要求要以電話聯絡訂房。

隨著天色開始昏暗，老呂點起一根菸，他冷得手直發抖，水滴沿著他伸手點菸的手臂不斷滴下，在水泥地上甩出一條整齊的水痕；吐出煙氣，他憂心忡忡地問：「怎麼辦？還有多遠？要再往前嗎？晚上要住哪？」

其實我也不知道怎麼回答他，只把我身上比較乾的防風外套給他披上，心裡忖著：出外騎車不可能每天都好天氣，還有多遠就看今天要到哪裡，可以再往前

夥伴／孟哲

老闆好像真的生氣了，好吧，我跟學立開始認真地找當晚的住宿，
找了半小時，真的找不到，我們打了電話回臺灣找朋友幫忙，
朋友只回應，好像都客滿了耶，正準備被老闆臭罵時，
老闆拎著一袋紀念品回來：「冷死了啦。跟各位講，我們一定要撐下去！」

也可以在附近找地方休息，這裡就是JR車站的沿線，往前往後走應該都有車站附近的旅館，住哪都行，但大家又餓又冷不是辦法，便提議「先進去喝個咖啡再說吧，總會有辦法的。」便笑著逕自走去博物館的販賣部，可能是我這樣輕描淡寫的態度，他突然難得一見地發起了脾氣。

「你們不要覺得騎車就是這樣，下雨天騎車很好玩嗎？我已經幾歲了，這麼冷是要怎麼騎，晚上住哪裡也不知道……」一邊發脾氣，一邊跑去旁邊開始打電話，想辦法找晚上的住處。

據老劉說，除了我印象深刻的這次，老呂其實在路途上還有數次抱怨，抱怨一直在爬坡、抱怨路途太遠、抱怨一直走奇怪的路……；這倒是讓我覺得挺可愛的，尤其他在「呂律師」的包袱下，總是要習慣去關心別人的情緒和人生難題，在這趟旅行中，他終於肯面對自己的感受，身體的疲倦、挨餓受凍、害怕、焦慮，所以他在我們面前賭氣，怪我們沒有正視他的感受，認真做一回自己。

透過朋友找到晚上住的地方後，他接過我們遞上的熱拿鐵和麵包，還在紀念品區買了一些他喜歡的小玩意，印有真田氏家徽的胸章、穿著六文錢標誌衣服的小狗布偶，幾個燙金的漆器碟子，彷彿才發現，這個博物館是他這個日本戰國史愛好者，會真心喜歡的地方。一會兒休整後，大家重新出發上路前往彥根城，路上依然飄著雨，路燈因為天黑都亮了起來，但喝了熱咖啡，放肆地攝取許多澱粉，身體也不冷了。三十公里的路程，一下就騎完，也就把那個困惑、不安、焦慮又亂發脾氣的老呂（還有我的錢包）留在關原古戰場，期待下次舊地重遊，大家可以笑一下。

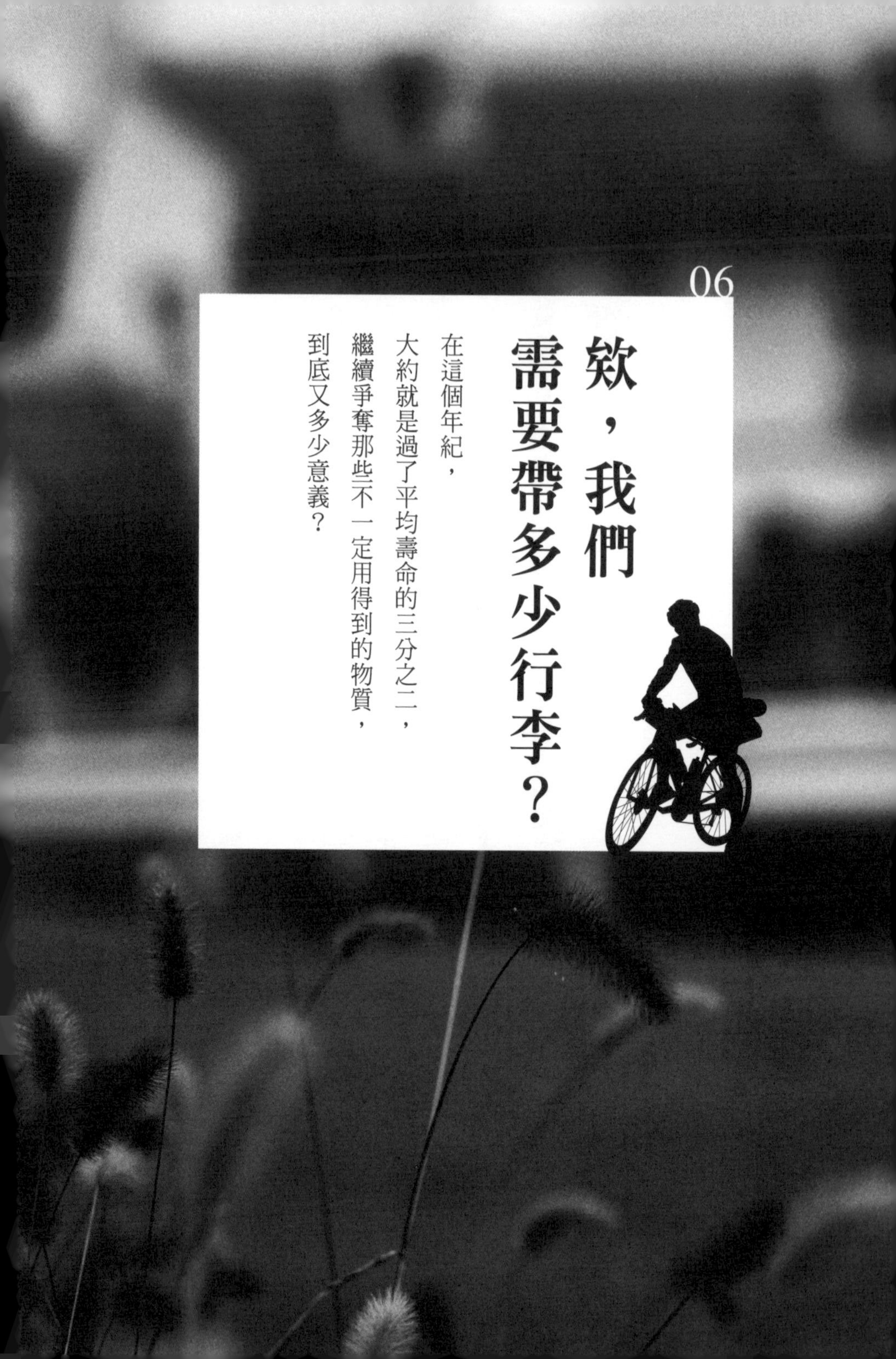

06

欸，我們需要帶多少行李？

在這個年紀，
大約就是過了平均壽命的三分之二，
繼續爭奪那些不一定用得到的物質，
到底又多少意義？

在出發前，最煩惱的事情，大概就是：「到底要帶多少行李？」過去出國，就算不帶行李箱，也會有手提行李，裡面的重量也不會太少。況且，出國的天數也不一樣，過往在日本，也就是四到五天上下，但這次的天數是十一天，大約等於去歐洲的時間了，如何安排要攜帶的物品，就成為出發前、旅程中，要嚴肅考慮的問題。畢竟要攜帶的所有物品，都必須在這十一天內隨身，或者說隨車，沒有行李箱，當然也不能背在身上，短程來說沒問題，但是當時間一久，或是進入爬坡狀態，原本還算輕盈的背包，就會變得格外沉重。因此，既然是隨著公路車一起，而且又是長途旅程，一路騎乘，當然要越簡單越好，以往出國旅行攜帶的物品，在這次旅程中，必須壓縮到最少，以免影響行車安全與速度。

那麼，為什麼不用保母車呢？當然不。這是一開始就已經設定的目標，所有的行李都要自己帶，不能、絕對不能有保母車隨車，這才叫做公路車冒險。況且，日本旅行的危險性並不高，真無法繼續下去，隨時都可以喊停，怎麼能讓自己有外力協助，甚至有僥倖心態呢？然而，既然沒有保母車，根據一般國外長途騎乘者的建議，要把行李壓縮在十公斤以下，最好是落在五到十公斤之間。那麼就得要思考要帶多少行李在車上。基本上，因為重量限制，我只能準備一個馬鞍包，或稱之為上管包，放一些小東西；主要的行李都放在車尾包，最後勉強控制重量就是在八公斤上下。

這八公斤的行李包括什麼呢？車衣、車褲都很輕盈，兩件可以替換就好。便服同樣是二套，主要是到達目的地以後，不用繼續穿著車衣逛街見人。手機、充電器、現金、信用卡、護照等等經常要用到的物品，則是放在馬鞍包。因為車子沒有內胎，不用帶備胎，維修工具跟電動打氣設備，則是由孟哲跟學立帶著。相對來說，已經把這十天的裝備壓縮到最基本、最少。不過，有兩樣物品很特別，必須特別提出來，那就是耳機與拖鞋。耳機，是長途旅行的必要裝備，因為騎車時，可以聽點音樂，讓自己可以在喜歡的歌曲陪伴下，忍受高強度的距離與爬坡。至於拖鞋，則是因為行李太滿，無法放進車尾包裡。這兩樣物品，卻是在旅行時，最讓我掛心的東西。

其實，在這個年紀進行公路車旅行，從攜帶行李這件事，讓我體會最深的還是這句話：Less is more，也就是少即是多。過去出國旅行，無論如何輕裝簡行，總還是會帶個行李箱，裡面充斥著各種「預防萬一」的物品，不論是預防無聊、預防生病、預防變天、預防不便，總是要帶齊自己想要的、不一定用得到的各種物品。但是公路車強迫我去思考，到底有什麼東西是需要，什麼物品是想要？在這個年紀裡，大約就是過了平均壽命的三分之二，繼續爭奪那些不一定用得到的物質，到底又多少意義？事實上，我們或許只要輕裝，就可以完成百分之九十的所有生活，而不是掛了一堆物質、頭銜在自己身上。

在多數時候，有哪些外在的附屬品會跟隨我們，其實也是強求不來的。例如

夥伴／孟哲

老闆的拖鞋放不進行李，只能綁在行李外面，每次從後面拍照時，那雙藍色拖鞋總是很礙眼，我不喜歡它出現在我的畫面中，破壞了整體的和諧感。它會在一個時速可以到四十公里的大平路上掉下一隻；還會在橋上掉下來，必須等到沒有車子經過的時候，才能撿起來；它會在漆黑無路燈的夜晚，掉在田間小路上，只要一不注意，它就可能永遠住在日本鄉下。就是這樣，我討厭那雙拖鞋，但我救了它三次。

在旅途裡，經常掉在路邊的耳機，回來臺灣以後，有一邊失能了；而一路上保護的拖鞋，最終也找不到在哪裡。或許可以說這是粗心，但是我自己卻覺得，不需要太過於執著於留住什麼，因為該走的，其實怎麼挽留也沒用，時間到了，就是會消失，而且找不出原因。

佛謁說：「萬般將不去，唯有業隨身。」聽起來有些悲觀，但是所有的外在物品，確實都帶不走，唯一能陪在自己身邊的，應該就是在這趟旅程裡，究竟得到了什麼。而我很確定，我得到了快樂。

其實
你什麼都不需要

夥伴／學立

打包行李是一件很哲學的事情，整個過程會不斷地檢視自己生活的每一個需求，你想做什麼？應該做什麼？然後開始權衡每個需求對自己的重要性，最後，開始學會拋棄，思考自己其實真正需的是什麼？

這時候，就像電影《型男的飛行日誌》裡坐在演講廳裡的聽眾一樣，看著喬治克隆尼站在講臺上，指著那個打開拉鍊的黑色 TravelPro 雙肩背包，用性感的聲音說：「想像一下把你生活中所需的一切都裝進去這個背包，揹起來走兩步試試？」（按原文：I want you to pack it with all the stuff that you have in your life……now try to walk）然後，試著依照他瀟灑的建議，思索著要把什麼東西先拿出來，或是其實裡面裝的都不是實際需要的東西，那我需要的是什麼？到底要帶什麼去這趟旅行呢？

從臺灣出發當天，大部分我們要帶去的行李和公路車，都一起裝進長一百一十五寬三十二高八十三公分的紅色攜車箱裡，身上只留一個小袋子，裡面裝手機或護照等隨身物品，或揹或提著。我們請了一台八人座的商務廂型車，把我們連同攜車箱一起載到桃園機場，老呂和我都不約而同地說：「可惜沒辦法帶書。」

那到底要帶什麼？這顯然是必須在出發前就想好的事情。

參加公路車或是鐵人三項活動的時候，我常常會在前一天，把需要的東西都在床上排好，然後用模擬的方式去想像每個東西穿戴或使用的順序：起床梳洗完，邊吃早餐、穿車襪、內衫、吊帶車褲、車衣、小帽、擦防曬、心跳手錶、穿鞋、戴安全帽、風鏡、裝滿水壺裝、車碼表……模擬的意義在於逐一檢查這些東西的狀態，並且避免有所遺漏。越是能沉浸在那個模擬進行的過程，實際穿戴的速度就會因為直覺而越有效率，有點類似隔天要開庭，今天先對著鏡子練習法庭陳述的效果。

同樣一套思維，也可以應用在準備行李上，上面說的穿戴過程，就是我們旅途中每天都要做的事情，我們準備了三套車衣褲，加上防風外套、休閒的便服、盥洗用品，車袋也也差不多塞滿了，我還得留下一點空間裝上維修的工具和充氣幫浦，老劉要負責帶單眼相機；這時候，確實連帶上一本書的想法都是奢侈。此時，彷彿又看見喬治克隆尼出現了，歪著頭笑著說：「其實你什麼都不需要。」（按原文：In fact let everything burn and imagine wake up tomorrow with nothing.）

那有什麼是很占空間，但你割捨不下，非得要帶在身邊的東西？

抵達日本第一晚，臨睡前，我和老劉把所有東西擺在東京丸之內飯店的床鋪上檢查，看著這些明天即將全部跟著我們移動十天的細軟，多是騎車穿戴用品，或是處理車輛故障的工具，除此之外，好像沒有什麼是一定得帶著的。史考特・伊佐（Scott Ezell）在《藏東紀事》裡面說：「我向北進入秋天的西藏，只穿著一件薄雨衣，帶著一本筆記本和一張地圖，我什麼也不在乎。我只想看見一切，觸摸和品嘗一切，然後用我最好的文筆記下來。」

所以就帶著極欲在全然陌生的公路上騎乘的渴望，有點緊張、期待，然後默默祈禱，希望自己在旅途中某個福至心靈的時刻，獲得靈魂的啟發，因

模擬的意義在於逐一檢查這些東西的狀態，

並且避免有所遺漏。越是能沉浸在那個模擬進行的過程，

實際穿戴的速度就會因為直覺而越有效率。

為身心磨練而得到一個新的自己。筆記本和地圖應該一台手機已足應付，我帶著女朋友準備的平安符，這或許是我最在意的事情，是在每一個冒險時刻伴隨著趨吉避凶的祈願，還好符紙也不太占行李容量。

老劉帶了一台體積不小的單眼相機，而且重量不輕，但對他來說，這不會是公路車旅行最艱難的行李物品取捨，因為他不可能願意拋下，那種用相機記錄這趟旅途中每一個美好景色和時刻的念頭，這是屬於他的執念，無法割捨。

對老呂來說可能有很多，某個特定品牌的香菸、手機的外接電源或接聽電話用的藍芽耳機，這是他在騎乘時，依然試圖替當事人解答各種人間疾苦和疑難雜症的法器；還有一雙深藍色的舊拖鞋，從有點破舊外觀來看，應該是他平常在家裡穿的，一個追求在日本公路車旅行，也有居家生活感的男人。

老呂的藍芽耳機、拖鞋，在幾個蜿蜒山道的轉彎處，幾個必須站起來抽車的陡坡上，掉了無數次，而在他發現後懊惱不已的同時，老劉常常又可以像變魔術一樣，把他的耳機從口袋裡變出來；或是在休息的時候，把那雙藍色的拖鞋插回老呂的行李袋裡。就這樣不斷失而復得，直到我們最後一天要回臺灣了，在京都機場的貴賓室吃著招牌咖哩飯，老呂翻遍身上的口袋，淡淡地說：「我的耳機這次好像是真不見了。」

或許，留在身邊的，都是那些經過內心掙扎過的選擇，少了它，感受會特別明顯，一旦不見了，內心會特別糾結，總想急著找回來；不過很多東西都是這樣，我們想留下的，卻不見得能留，即使可以不斷地失而復得，最後還是會失去，有的都只是當下的幸運和美好而已。我這樣想著，一邊吞下一口咖哩飯。

07

日本雨的考驗

就像是登山運動一樣，
在公路車的旅程裡，
多變詭譎的氣候與難以預測的坡度，
是最吸引人的地方，
這兩次的大雨與爬坡，雖說萬分難受，
但卻非常過癮……

在江戶時代的古代官道裡，如果是從東京到京都，有兩條主要幹道，分別是中山道與東海道。中山道穿越山梨縣，而東海道則是穿越靜岡縣。但以距離來說，中山道顯然比較長，由於穿越山梨縣的原因，爬升坡度也會比較高。如果以「山線」、「海線」比喻，中山道是山線，東海道則是海線。在選擇路線時，我們三人一致同意走山線，不只是因為我們想去的景點在山線居多，不論是富士河口湖，或是諏訪湖，都在沿線上，也是因為挑戰程度比較高，上下總爬升高度可以到七〇〇〇公尺。

不過，這也意味著在旅程中，爬坡這件事，就會成為每天必要的經歷。畢竟先前的騎車訓練，只有每週一次，而且距離也不長，學立考慮到我的能力後，每天安排的距離與爬坡度並不會太高，距離大概都是在七十公里到一百公里上下，爬升的高度，平均大概也就是在七〇〇公尺上下。如果對照平常的訓練，從臺北市的松山區，到新北市的福山部落，距離還要更長、坡度還會更陡。然而，當天數拉長以後，一切就不一樣了。所謂的「不一樣」，以醫學的角度解釋，就是疲勞累積，但是以身歷其境的說法，就是「不知道伊於胡底」。這種明顯的感覺，出現在第一天與第三天。

從日本橋出發時，我們三個人就像是觀光客一樣，拍照紀念出發的這個地點與這一刻。離開擁擠的東京市區以後，才驚覺這趟旅程真的要開始了，這時候還是覺得，應該可以輕鬆到達目標。然而，沿著和泉多摩川的河濱公園前進之後，竟然有一種「何時才是盡頭」的感覺。心裡當時只是叫苦，「不是吧！現在是平路，而且才剛開始，怎麼現在就開始覺得疲累？」學立一如往常的輕鬆帶領我們往前，我只能將時速提高到三十五公里，勉強跟著他向前進，不知道何時才能走完，這時候才真正知道，將近五十歲的體力，確實很難跟這兩個年輕十歲的小夥子比較。

然而，這只是平路，真正的挑戰在第三天。東京到京都的直線距離，大約是四百五十公里。在這兩個城市之間，如果沿著我們的預定路線走，大概會通過神奈川縣、山梨縣、岐阜縣、滋賀縣等。除非運氣很好，否則很難遇上一路都是晴天的狀況。果然，在第三天往山梨縣的路上，我們就遇到下雨，而且是大雨。同時，那天的距離與爬坡，也是最長、最高的，套句孟哲的話：「經過了這一天的冒險，往後應該沒有什麼可以難得倒我們了。」但是，那天的行程，純粹是意外，而且是我造成的意外。

歷經了在相模湖差點夜宿湖邊的「悲劇」，即便隔天的鐘山苑飯店非常豪華，我還是覺得心裡忐忑不安。於是在享受飯店美味的割烹料理時，我決定要事先預定明天的住宿。我問了孟哲：「明天想去哪？」他順口回答，「我想去電影《你的名字》裡的諏訪湖。」於是，我預定了諏訪湖附近的溫泉旅館，學立看起來似乎想說什麼，但最終還只是嘆了一口氣，什麼也沒說。

早上出了旅館，已經開始飄雨，但是三個大無畏的公路車騎士，完全沒看在眼裡，況且到了富士河口湖以後，又接受了熱情的臺灣僑領招待咖啡，還指引我們到淺間神社，我們已經忘記，諏訪湖距離富士河口湖到底有多遠。一路上，我們放慢速度，順利到達甲州市，進入武田神社參拜，再到武田信玄的墳墓致意。武田信玄，是戰國時代裡信濃、甲斐的大名，在山梨縣非常著名與重要，既然要穿越他的領地，當然要來拜訪。渾然不知時間已經飛速的到了下午四點多。這是什麼樣的概念呢？五點半的日落時間即將到來，然而，我們還有六十公里要走，而且要翻越好幾個山嶺。

在甲州的快速道路上，我吵著要去便利商店補給，但學立騎車背對著我，指著諏訪的路標，上面寫著「諏訪：五十五公里」，我拍下了這一刻，因為我覺得太刺激了。傍晚五點七分，即將天黑，雨開始落下，而我們真正的挑戰才開始。六點多，天色已經全黑，鄉下的路燈稀少，我們只能無意識的往前行駛，卡車不

夥伴／孟哲

揹著單眼相機騎車是個挑戰，
騎車的速度很快，抓拍的難度會提高，畫面又不能都是背影，
所以我有的時候必須故意騎快一點再回頭拍攝，
有時候要一邊騎車一邊拍攝，或者要跑到天橋上拍攝高角度的畫面，
或者跑到對向車道，用慢快門表現速度感。

斷的經過我們旁邊，只能提醒彼此要小心。學立後來告訴我，當時他想放棄，在路邊找個旅館休息就好，因為他擔心我會抽筋與失溫，一旦發生這種狀況，我們的旅程會在那一刻夭折。

怎麼可以放棄！當時已經全身濕透，鞋子裡也早就進水，溫度大約下降到十度，靠著上坡努力的踩踏，維持自己的體溫。學立不時會停下來，努力的激勵我，「快了！前面幾個轉彎就到了。」他指著燈火闌珊的遠方，那個永遠到不了的遠方，全身濕透、寒風刺骨，直到諏訪市區，才總算覺得有點生還的感覺。同樣的情況也發生在往滋賀縣的路上，那次的爬坡並不高，但是抵達關原時，襪子都可以擰出水來，日本秋季的雨，確實讓我們領教到了。

其實，就像是登山運動一樣，在公路車的旅程裡，多變詭譎的氣候與難以預測的坡度，是最吸引人的地方，這兩次的大雨與爬坡，雖說萬分難受，但卻非常過癮，應該是一輩子都不會忘記的經歷。

關於日本騎行紀錄

DAY 1

東京到相模湖，是 74 公里，爬升 552 公尺。

DAY 2

相模湖到富士河口湖，是 57 公里，爬升 902 公尺。

DAY 3

北上到諏訪湖，是 120 公里，爬升 1245 公尺。

DAY 4

諏訪湖到塩尻市，只有 31 公里，爬升 423 公尺。

DAY 5

塩尻進入南木曾町，距離是 87 公里，爬升 997 公尺。

DAY 6

南木曾町進入岐阜縣，全長 101 公里，爬升 1079 公尺。

DAY 7

岐阜車站到滋賀縣的彥根城，全長 66 公里，爬升 751 公尺。

DAY 8

彥根城到京都市，距離是 78 公里，因為進入平原，
爬升高度總算下降，只有 334 公尺。

真男人的旅行

夥伴／學立

在臺灣跟著車友團騎，當天如果下雨，就一定會有人決定取消出門，在騎乘路上如果遇到下雨，也會發出一陣哀嚎，我一開始不太明白為什麼，戶外運動嘛，難免天氣不好，遇到就遇到，好不容易可以出門運動，下雨有什麼關係？那時候我剛買新車，總覺得既然買了這麼新的車，一定要出門多騎幾趟才行，不然多划不來。

直到有一次和車友相約去中部參加一個騎武嶺的活動，前天颱風剛走，搭著保母車在南下的高速公路上仍然飄著小雨，我們的公路車都固定在車頂上，直到抵達埔里的旅館，把被雨淋濕的公路車卸下，接著就看到車友們在飯店大廳裡開始擦車，先是車架、把手、輪框、碟盤甚至鍊條，擦乾後拿出鏈條油沿著鍊條一目一目開始點油，當天那間旅館住滿了要參加活動的人，大概有二、三十人在大廳裡默默地做這件事，那是一個很有趣的畫面。

後來我才知道，雨天騎車，在路況上的掌握會增加很多不確定性，路邊濕滑的落葉和苔癬、輪胎在石板或泥濘中的抓地力，雨水不斷流進眼睛影響視線，就不用說身體被淋濕在各方面的不適和危險；另外就是要洗車，在雨天騎完車，車上的泥水、砂石、落葉有些噴得到處都是，鍊條、碟盤這些地方容易生鏽，騎完不稍微保養一下，下次騎車時，車輛就會像懲罰懶惰似的，在你各種意象不到的地方發出奇怪的聲音，屢試不爽。

至於爬坡，本來踩在平地可以享受那種，所有景色不斷往後刷過的速度感，有時候隨著順風，踩在平常難以達到的時速時，還會有一種騰雲駕霧的錯覺。一旦遇到爬坡，這些暢快就瞬間消失，不管順風還是逆風（逆風更慘）最先感受到的就是踏板，阻力開始出現，抬不起來也踩不下去，車子就像瞬間停頓住一樣，隨著不斷地用力，心跳開始加快，呼吸越來越喘，身體開始瘋狂流汗。但就是因為爬坡快不了，才能好好欣賞沿路的風景，雖然有時候真的很痛苦，但等到抵達山頂的時候，想著剛才每一個想要放棄的念頭，回頭看看那些在山腳下蜿蜒的小路，因為劇烈運動後產生的歡快感，加上可以從山頂上一覽無遺的美景，是會令人上癮的。

心情不好的時候，我特別喜歡騎知名的陽明山公路車路線「風櫃嘴」，有幾次甚至是下雨天，雨中的山路和好天氣時不一樣，沿路通常只會有自己，從山下的楓林橋騎進山裡後，四周就開始安靜下來，像是在空氣裡開起耳機降躁模式，有時候可以辨別出雨滴落在樹葉和路面上，所發出不同的細微聲響，氣溫通常因為下雨而變得涼爽舒適，雖然不如晴天可以遠眺景色，但也因為如此，反而可以

更專注在當下的每次踩踏，控制好呼吸、踩踏的平衡，完全放空自己，雨水最終會慢慢沿著安全帽沿，流得滿臉都是，而身體就像山裡的樹葉、石頭一樣，公平地被雨水滋養、浸潤著，雨天爬坡是孤獨但美好的自我對話；爬完六點多公里的山路抵達山頂，雖然只有短短不到四十分鐘，但什麼煩惱和痛苦彷彿都不重要了，好幾次我甚在山頂上自己笑了出來，是真心感到愉快也好，苦笑也罷，都是陪伴自己生命最好的獎賞。

不過很顯然，我的兩個同伴，還不太能體會這樣的樂趣。

這趟旅途中，兩次印象深刻的大雨中騎乘經驗，分別是河口湖到下諏訪，以及岐阜到彥根這兩段路線，無論是那種因為雨夜而感覺永遠騎不完的絕望和無助，還是飢寒交迫的身體折磨，都讓大夥兒苦不堪言。其實回顧當下的感受，我並沒有太多強烈的情緒，雖然聽老呂說這是他最接近瀕死的經驗，或許只是很容

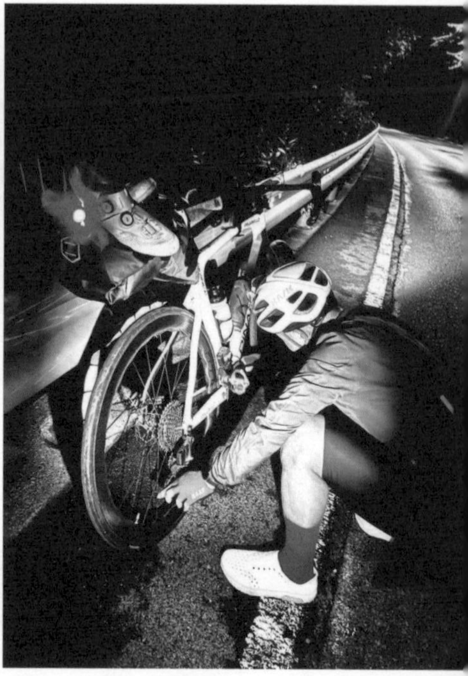

夥伴／孟哲

學立的車一直掉鏈，因為他想耍帥，出發前去改車，換了一組加大導輪，
搞得變速系統不太靈活。「我看這個加大導輪好像只有加速掉鏈的功能喔！」
我一邊嗆他一邊幫他把齒輪歸位。

易在那個情境下往最壞的結果打算，而當時我只希望趕快帶著大家離開這種情緒和氣氛，如此而已。在抵達諏訪的山路上，我的車掉鍊，只好趕快把車子翻倒過來排除，修車時，感覺前方一片山雨欲來的黑暗，我不自禁地吹起口哨，老劉在旁邊用車燈給我照明，老呂在旁邊喝水休息，其實那時候很想說，我很享受當下這種一起冒險的感覺，但可能會被他們兩個揍。

回來之後，在思緒上我常常出現某種平靜的停滯，亦稱不上是思路清晰，彷彿就是現實的變動和意外，都不會引起任何焦慮和情緒，再難爬的斜坡、再黑的路，都只是奮力一搏之後的過程。他們兩位說，我連拐帶騙地讓他們騎完各種下雨和爬坡，也許是真的很擔心他們兩個半路放棄，或因為疲勞、低溫身體出現狀況，但希望我們三個或多或少都有被這種雨中騎乘的體驗而感動，超越身體忍受的極限、心中的害怕，還有對彼此的牽絆，不管再痛苦都還能保有笑得出來的淡然，抵達終點後能相互擁抱、大笑，這才是真男人的旅行。

08

健康與牙痛

這應該是我在日本吃得最難過的一餐，
並不是因為難吃，
而是因為美食當前，我竟然無法完食，
還得跟老闆抱歉……

即將啟程前往日本的前一天，右下方的臼齒開始有些疼痛，但是我不以為意。以我的忙碌程度，出國前幾乎沒時間休息，於是安慰自己，或許只是簡單的牙齦發炎而已。事實上，那時候要預約牙醫，也已經來不及了。帶著輕微的牙痛，我們到了東京。為了預防萬一，東京的友人帶我到藥妝店，希望帶些隨身藥品，以免突發狀況發生。

前兩天，一切看來都還好，大概就是覺得吃飯的時候有些不方便，但是並沒有好轉的跡象，反而有發炎越來越嚴重的狀況。在往諏訪湖的路上，一路上又冷又累，到了梅月旅館後，雨已經停了，因為時間是深夜，當然吃不到梅月旅館最有名的馬肉料理，我們三個人就走路到附近的便利商店覓食。我選了一堆甜食，總以為可以撫慰自己疲累的身體，但就在這時候，牙痛劇烈發作，當時也沒有牙痛藥，只能讓自己早點休息。

在梅月旅館休息一晚後，我們往諏訪湖前進。諏訪湖的自行車道非常好看，但是牙齒發炎的狀況，讓我無心欣賞。時間到中午，我們決定找一家湖畔邊的餐廳吃飯，學立與孟哲，在義大利麵與蕎麥麵之間猶豫，我則是毫無食慾。

「要吃蕎麥麵嗎？還是義大利麵？」學立問。

「什麼麵都好，其實我沒有食慾。現在牙齒很痛。」我用手托著下巴說。

「不過，據說信州是蕎麥麵的原產地，我們還是去吃蕎麥麵好了。既然來日本了，吃什麼義大利麵！」

我們三個人進去「信州そば 結（ゆい）」點了熱騰騰的叉燒蕎麥麵。然而，左下方的牙齒正在嚴重發炎中，我竟然什麼也不能吃，只能把湯喝完，叉燒努力用吞嚥的方式吃完，麵體勉強吃了一些。這應該是我在日本吃得最難過的一餐，並不是因為難吃，而是因為美食當前，我竟然無法完食，還得跟老闆抱歉，

時差式信号機
高浜
高浜
Takahama

說明沒吃完的原因，是因為牙齒發炎，不是因為難吃。

對於我的狀況，他們兩人都看在眼裡。吃完中餐，我們前往孟哲想去的立石公園。從湖畔到立石公園，不過爬升一〇一公尺，但是因為距離只有短短的九百五十公尺，坡度平均在10%上下，加上牙痛又開始發作，只覺得舉步維艱。但是我們無計可施，只能往塩尻前進。學立與孟哲，一路上就在幫我找藥局，或是牙醫診所，速度也放慢很多。進入塩尻市後，學立發現附近有診所，而且時間才五點，他當機立斷，讓我們就在塩尻的飯店停歇。因為這間牙醫診所，到六點就休診，我有一小時的時間可以看診。即使我百般不願意，希望不要耽擱大家的行程，他還是堅持要我去診所就醫。只是，網路上的商家訊息並不準確，診所當天休診，我還是看不到醫師。

當天晚上，我們在旅館附近，找到一家很棒的居酒屋，名字就叫做山賊燒。

這家餐廳，在長野縣非常有名，算是當地有名的美食。因為中午沒有食慾，現在牙痛稍減，總算可以大快朵頤。我們點了炸雞排、生馬肉。但要命的是，我們點了酒。在臺灣，我是滴酒不沾的，向來我就覺得喝酒沒意思，無法解渴，又會讓理性下降，但是到了日本，又跟朋友在一起，不喝點酒，似乎沒意思。但是，酒量不好，是不爭的事實。只見學立一杯接著一杯，似乎千杯不醉；我的那杯啤酒，自始至終，都沒能喝完。只是，沒喝完又如何？酒精加上炸物，似乎觸動了牙齒的神經，只是半杯啤酒，不僅讓我開始覺得有些微醺，牙齒的神經痛，又開始發作。

在塩尻的那一晚，是從未有過的體驗，牙齒痛到讓我無法入睡。

不過，隔天我們還是要繼續往前進。因為前一天嚴重耽擱，必須加快速度往岐阜縣。從這一天開始，止痛藥已經是每隔四小時就得吃一次，讓自己不覺得疼

諏訪大社

痛是一回事。在妻籠宿時，學立拿了熱騰騰的包子給我，「騎車需要補充能量，這個給你。」他說。

我坐在妻籠宿的石階上，無奈的看著貓咪，「我現在需要止痛藥，不是包子。」雖然最後，我還是把包子吃完，但總有些食不知味。

在長野縣往岐阜縣的路上，都是蜿蜒的山路，連藥妝店都不好找了，何況是牙醫。直到進入土岐市區，我們才找到正在營業的牙醫診所。這家診所，在當地評價應該不錯，外觀非常現代，也有設計感，應該是年輕的牙醫師經營。

「神啊！無論花多少錢，即使沒健保也無所謂，請讓我的牙齒恢復健康。」當下，我確實是這麼想的。

穿著車衣、戴著安全帽的我，小心翼翼的打開了門。診所內的護理人員，及其他的病患，用疑惑的眼神看著我，似乎打擾了他們原本平靜的空氣。護理人員對我說了一連串的日文，我卻完全聽不懂，只能依靠比手劃腳與簡單的日文翻譯，希望她能夠瞭解我的狀況，但得到的回應是無法看診。醫師甚至從診間出來，認真的解釋他為何不能處理。「據說」，是因為我沒有醫療保險，因為言語隔閡，他也無法完整的掌握病情，一次處理好我的狀況。如果真要看診，他看了一下時間，我可能得要等到傍晚六點以後，或許他可以幫我做些簡單的治療。

「我要走了。」我跟孟哲與學立說。

「不行，你好不容易找到診所，我們願意等。」他們異口同聲的說。

「我不要。我不能耽擱大家的行程。現在已經下午四點，我們還得要到岐阜車站，至少還要走五十公里，這太不切實際。」這時候，我已經瞭解五十公里對於我們這群沒有保母車、連續攀爬了很多山路的旅人來說，其實不是這麼簡單的事。對於看牙科這件事，他們竟然比我還堅持。醫師看了我們，最後用不容易聽懂的英文告訴我們，他應該無法幫我治療。他們最後才決定，繼續往前進。

過了那天以後，或許是因為神經已經壞死，竟然不那麼痛了。我們再也沒有試圖找牙醫，止痛藥的頻率也越來越低。但是，這次的經驗卻給了我很重要的教訓，不要忽略身體任何的病痛，畢竟有了年紀。

還有，我有兩個真心關心我的朋友。

老呂的溫柔

夥伴／學立

用工作屬性來區分律師的類別，主要可以粗分為「訴訟律師」和「非訟律師」，白話一點說，就是律師的工作主要是以進法院幫客戶進行訴訟為主，非訟律師的工作就比較多元，但大多數的非訟事務是不太需要進法院的。雖然訴訟律師的工作內容，比較接近臺灣民眾刻板印象中形象，不過除了任職在那種分工明確的大型事務所工作，大多數我這個世代的律師，工作多少會兼有「訴訟」和「非訟」的類型，戲稱雙槍俠。

雖然入行才第一個十年，在我的觀察裡，律師是一個職業傷害很大的行業，這件事在執業的第一個十年尤其明顯，社群網站常常會跳出老劉和我以前律師訓練時期的合影（但他大部分都跟女生合影），我們自己早不敢再與影中人對視，或已不識影中人，通常只會拿來調侃彼此。在睡眠不足的早晨出門、和當事人開會開到晚上，凌晨偶爾要接電話回訊息，非訟事務如果涉及其他國家的客戶，工作時間要配合客戶所在的時區是必然的，在這樣的行程安排下，要能有規律的運動、自我放鬆和休息，是非常困難的，就不用說吃得健康、均衡這種奢望。連老呂這種早已習慣繁忙如地獄般行程的人，都說過他以前會用「想吃什麼就吃」的方式來補償自己，心理素質強健者如他者都是這樣，就不用說我這種，總覺得自己平常忙碌很可憐，一有機會就趁機滿足自己的暴飲暴食者。

身邊總是有幾個，會固定在清晨或深夜時段曬曬運動照片的同行，除了內心相當佩服以外，也開始研究「為什麼他可以而我不行」？想到那台環島完就被我遺忘舊家房間裡的公路車，想到當初那個環島時的自己（還有體重），忽然滿腔熱血，便計畫把車整理好，想重新再跨上車。

這是我的第一台公路車，說是公路車，但也只有形狀像。車架不同於現在主流所使用的碳纖維，藍白配色的鋁合金車身，搭配因為車架尺寸太小，而過度加長的握把延伸座，使用的變速系統還是前三盤後九盤的特殊規格，雖然不太正規，但心中懷著「如果真騎出興趣，再買新車」的念想，開始早上起來從河濱公園練習。雖然直到今天，我依然沒辦法每天都騎車訓練，但最後也斷斷續續再騎了兩年，甚至在這台車上練習學會公路車的卡踏，也是真的騎出興趣了。為了能早起騎車，前一天也必須提醒自己早點睡，長時間騎乘帶來與自己獨處對話的機會，透過騎公路車，認識了更多自律和有趣的車友、不同的身體訓練方式、學習控制和了解自己的身體，還去了很多開車不會（能）去的地方，也讓我開始了解運動和健康對於這份工作，還有自己的重要。

老呂在這趟旅途中，算是順利完成給自己設定好的目標，我們在期限內抵達京都，還有兩天時間逛逛這個他最喜歡的城市，順便幫他慶祝生日。但整個旅途

對他來說，並非全無痛苦，因為他從我們在東京出發時就開始牙齒痛。雖然路上不乏大小藥局，消炎止痛藥不困難取得，但每天吃止痛藥這種治標不治本的方式，肯定會讓牙醫師直搖頭。

從妻籠宿到岐阜市的這天，很能忍痛的他，應該是實在受不了，我們兩次在路邊的牙醫診所下車，第一次是中津川市的牙醫診所，但裡面一個醫師或護理師的影子也沒有；另一間，是在土岐市的某個小鎮，診所外觀相當新穎，落地玻璃窗裡看得見櫃檯，等待區坐著幾個待看診的病人，老呂握著錢包進去詢問，錢包看起來很厚，那是他希望能在異國治好牙痛的真實心意。這次雖然有醫師在，在

長時間騎乘帶來與自己獨處對話的機會，透過騎公路車，

認識了更多自律和有趣的車友、不同的身體訓練方式、

學習控制和了解自己的身體……

等了一個小時後，醫生表示還需要再等一陣子才能看。縱然已痛到眼眶泛淚，但不願讓夥伴冒著深夜趕路的危險，只好放棄治療繼續往前，這是屬於老呂的溫柔。他也就一路牙痛到京都，用牙齒比較不痛的那一側啃著帝王蟹腳，吃完生日蛋糕。

車友都說，喜歡騎車的人會亂推坑，其中一種是花錢，例如鼓吹別人換更高等級的車架或輪組，另外一種比較難表達，姑且說是鼓勵「自我挑戰」，本來一天只能騎一百公里的，去挑戰騎三百公里；可以騎到三百公里後，又會有人帶你騎五百公里；然後開始覺得只騎車不夠，被逼著訓練跑步和游泳，接著報名鐵人三項活動……而這些在臺灣自我挑戰和訓練，也讓我有足夠的體力完成這次旅行，雖然健康不見得只有每天早起運動而已，不過，當人生能控制的事情越來越少時，我們還是希望能控制好自己。

09

一項還學不會的技能

年老時需要的不只是金錢，
其實還有回憶，人到中年，
我越來越能體會同伴的重要性。

在異國騎乘自行車，如果要自己帶上愛車，那就得要學會裝拆；這還只是基本的技能而已，如果要長途旅程，不論是國內或國外，都得要學會基本維修技能。只可惜，我都不會。

在出國前，曾經有一次在巴拉卡公路前，發生了「落鍊」的情況，當時才剛接觸自行車，還不懂怎麼處理這種事，於是找了計程車把這台公路車運下山。然而，要裝運公路車，就得要拆卸前輪，這大概是我在先前僅有的「拆卸」經驗。只要旋轉前輪的把手，就可以輕鬆拆下，實在不值一提。然而，到了國外，立刻得要面臨兩個問題：首先是公路車如何攜帶？其次是遇到意外狀況時，如何維修？

要把公路車運送出國，並不是這麼容易的。第一個問題就是要不要選擇購買車箱，畢竟航空公司不能保證運送途中不會有碰撞，但是公路車的零件、變速系統等等，只要碰撞扭曲，可能就無法正常運作。因此，車箱是一定要的。

然而，即便是簡易拼裝車箱，要把所有的零件拆卸、包裝、放在車箱裡適當的位置，並且綑綁牢靠，並不是一件生手容易完成的事情；遑論到了國外，還得要重新找出零件加以組裝，萬一有個閃失，行程就是泡湯。因此，在出國前一天，學立與孟哲，非常認真的跟出租車箱的老闆學習拆卸與組裝。

到了東京，我們把腳踏車運到飯店。因為空中運輸時，輪胎需要洩氣，孟哲拿出簡易的電動打氣機，開始為公路車充氣。學立則是忙著組裝我們的車子，我沒什麼本事，只能默默的去櫃檯處理入住的費用與流程。運輸、拆卸、組裝，確實是到國外騎車的難題。為了這件事，回國以後，我竟然去買了車箱，而且認真學習與練習如何裝卸單車。

夥伴／孟哲

我很喜歡抓拍，用側寫的方式記錄整個故事，
那可以反應最自然的表情神態、最誠摯的喜怒哀樂，
讓拿到相片的人可以回憶起那一天的所有的情感交流，
我按下快門的瞬間即是被拍攝者的永恆。

然而，裝卸這件事，只是身為公路車騎士的基本技能。一個合格的公路車業餘愛好者，本來就還得要學會簡易維修。然而，因為接觸這項運動，只有短短不到半年，還在熟悉階段就得要上場，對於維修實在一竅不通，只會簡單的復原落鍊、清潔保養等工作，遇到爆胎怎麼辦？

如果說，這趟旅程最困難的是在富士河口湖往諏訪湖的路上；那麼，最不順利，但是最幸運的事，應該是發生在諏訪湖往塩尻市的旅程中。那天的行程其實很短，大概就是在諏訪湖、立石公園與塩尻市，上下坡的情況也不多，總爬升不過就是四二三公尺，如果以平常在國內訓練的程度來看，大概就是臺北市松山區到士林區的風櫃嘴而已。

隔天早上，我正在把咖啡倒進水壺裡時，學立就在門外檢查公路車。每天早上，身為隊長的他，會把三個人的公路車整理、檢視一遍後，大家才能出發。

他看完我的車子後，大搖大擺的走進旅館，表情洋洋得意，手拿著一顆鐵釘，對我說：「你知道嗎？我剛剛在你的車子裡發現了一個鐵釘，就卡在你的前輪上。」

「怎麼可能？」我大驚失色，顧不得我的咖啡還沒裝好。「那麼，現在怎麼辦？會不會爆胎了？」

「放心，你的公路車是無內胎的設計，就是適合用來長途旅行用的車型。一般的無內胎設計，在破胎的時候，洩氣速度會比較慢。我跟孟哲的車胎，如果遇到穿刺物，因為不是氣密狀態，遇到破胎的時候，胎壓會瞬間掉光。但是無內胎在破胎時，僅會從破的地方漏氣，輪胎裡預灌的補胎液也會立刻填補，根本不需做任何處理。」他說了一連串的術語，我不是很能理解，但是大概抓了幾個關鍵字，「無內胎、補胎、沒事」。

「所以呢？我還能繼續騎車嗎？」我有點擔心的問。「應該可以，補胎液已經幫你把問題解決了。但是，你真的運氣很好。」他說。

在整趟旅程裡，除了一開始的組裝出了些意外，以及後來的鐵釘讓我們差點無法完成旅程，大致上來說，都是順利的。然而，還是不能把這些事情歸功於運氣，畢竟學立的細心，以及他這些年來在公路車運動所下的功夫，才讓這次旅程可以順利完成。

不過，在學會這些技能之前，我想，應該很難在沒有同伴的陪同下，自己再來一次。有許多人開始體會，年老時需要的不只是金錢，其實還有回憶，人到中年，我越來越能體會同伴的重要性，這應該是我截至目前為止，改變最多的一部分了。

怎麼把車帶去日本？

夥伴／學立

公路車的樣貌在現代已經和過去長得不太一樣了，雖然沒有買過非常多台車，但每次買車都不免俗會去比較一下目前最新的規格。例如我最近一次買車，當時流行的車款叫作「全能型公路車」兼具直線加速需要的空力造型，但保有輕量和剛性等爬坡的特性，加上近年逐漸普及的電子變速（過去是用變速線去控制）以及碟煞系統，這些五花八門的零件也讓公路車的組成越來越複雜。作為最純粹的人力交通工具，現在居然要檢查充電量才能出門，也是一個不知道是方便還是倒退的演化。

但簡化公路車的構成，就是車架、輪組以及變速系統，把輪組和變速系統固定在車架上，加個把手和坐墊就可以騎了，不過拆開要再裝回去沒有經過一定程度的專業訓練或是嘗試錯誤的過程，絕對沒有辦法一蹴可及。

為了避免拆裝車對我們三個過於困難，以及運送上衍生的種種麻煩，到日本當地租車是一個比較方便的選項，但我們的路線是橫跨而不是環繞，除非有甲租乙還的方式，不然即使抵達了京都，還是要想辦法把車送回去東京，另外一點就是我常跟老呂說的，「沒騎自己的車，沒有靈魂」。

於是，我們開始研究怎麼把自己的愛車帶去日本。

飛機託運公路車，為了避免碰撞，大部分的攜帶方式都是使用攜車箱——一種特製專門攜帶公路車的行李箱。經過特別設計過的公路車攜車箱，甚至不會比大件行李箱大多少，但通常要價不菲；價錢對我和老劉兩個苦哈哈的（快不）年輕律師是有顧慮，但對於成名多年的老呂自然不是什麼問題。臺灣有專營攜車箱出租的廠商，可惜看了幾款設計，裝箱時除了要把前後輪都拆下來以外，還要拆下把手以及坐桿，有些甚至需要連踏板及連接的曲柄都拆下來才能裝，不要說老呂不會，拆了這麼多零件，我也不見得能完整裝得回去，裝得回去也不知道能不能平安騎完全程。

很顯然，臺灣應該有很多人經歷過跟我們一樣的困擾，有廠商開發出專門給我們這些入門者使用的攜車箱，而且只要拆下輪組就可以裝進去，簡直完美；雖說如此，線上和廠商老闆以訊息溝通時，他問我：「你們自己會裝吧？」裝？裝車？裝箱？我只會裝傻，於是很不爭氣地，請他提供到府教學裝箱服務，最後才算真正解決這件事。

另外為了避免路上車輛故障或爆胎，我情商平日保養車輛的店家，幫我們上

夥伴／孟哲

老闆在停紅燈的時候，問了學立一句：「還有多久會到？」
學立說：「下個紅綠燈就到啦！」等等，我好像在哪邊看過這種對話。
下個紅綠燈到了，學立還是繼續騎，下下個紅綠燈也過了，學立還是繼續騎。
咦？嗯？

一堂「公路車爆胎處理」的實作課程，雖然店家離老呂的事務所不遠，不過他顯然又因為會議錯過這堂課，認真上課的只有我、老劉以及另一個想學怎麼處理爆胎的同事。店裡與我們熟識的技師，很認真地手把手教會我們每一個步驟，最後我和老劉甚至還自己實際操作了一兩次，結束後，光換個輪胎就弄得滿頭大汗的我們，看著彼此因為操作而弄黑的手，都希望這件事咱們學會就好，但拜託別真得用上，因為學會是學會，到那邊還記得多少就不好說了。

所以這趟旅行，每天出發前，除了提醒大家確認一下車況，早上起來幫大家輪胎打氣（因為打氣泵由我攜帶）的時候，我會拿著熱咖啡（如果櫃檯有提供）在停車場上找一塊空地，把三台車子都翻倒過來，像童話故事裡面玩紡車的睡美人插圖，逐一轉動每顆車輪，檢查輪胎表面有沒有異物。

在塩尻要出發前往妻籠宿的那天早上，照慣例拿著熱咖啡去外面檢查大家的車子，然後在老呂的後車輪上，發現了一個圖釘大小的釘子。「還好有檢查。」我放下手上的咖啡，心中暗自慶幸。因為使用無內胎的設計，只要把這個釘子取出，胎壓就會自己把輪胎裡面的補胎液填進被刺破的地方，補胎液自己乾燥後，待輪胎重新灌滿氣就可以繼續騎乘了，實為長距離騎乘者的福音。我徒手取下釘子，破洞發出「嗤」的一聲，半透明的補胎液從破洞裡噴濺出來，然後隨著液體泊泊地在輪胎表面流淌著，最後凝固留下一灘長形的印記。

我把釘子用餐巾紙包好，放在老呂的餐盤旁邊說：「喏，送給你當禮物，從你的輪胎上拔下來的。」他才剛起床到樓下吃早餐，看著釘子一副不可置信的表情。我講解了無內胎系統的原理，不過他聽了還是一臉似懂非懂的表情，連珠炮地問：「那還可以繼續騎嗎？要換輪胎嗎？」

我忍不住揶揄他：「難怪你都不用來上修車課。」

10

今晚，我們要住哪？

房間真的有些不容易入住，因為棉被是濕的、上下床鋪時，階梯都會搖動，地板吱嘎作響，而且有說不出的霉味。

在這趟旅程中，因為不能確定每天究竟能騎乘多少公里，也還不知道究竟可以抵達哪個城市，因此我們只有預定三間飯店，分別是東京、富士河口湖、京都。東京是第一個抵達的地點，我們只需要住在車站附近就可以，但是我們得要安排車箱運送，飯店的櫃檯人員承諾學立，可以幫我們寄到京都飯店。不過，抵達飯店後，才發現飯店政策改變。他們不僅無法幫我們安排車箱寄送，也不能讓我們的自行車在不拆卸的情況下進入房間。不論是在東京或是京都，大抵上飯店的房間都不大，為了維護住宿品質，公路車不能入內；但是只要在東京與京都之外，原則上都會同意公路車入內存放，不過也不能進房就是了。

如果說，東京與京都的飯店要事先預定，是為了運輸車箱方便，那麼富士河口湖就純粹只是為了要看得到富士山。鍾山苑，是座落在富士吉田市的溫泉旅館，雖然到達當天，因為天氣不佳，最後還是沒看到富士山，但對比前一天住的青年旅社，已是萬幸。

在東京出發前，我們已預計當天會停留在相模湖附近，我看上了一家割烹溫泉旅館，以為可以直接入住。我們一行人，從繁華的東京，逐漸遠離塵囂，心裡想著，晚上就可以入住寬敞而舒適的溫泉旅館，享用日式割烹料理，畢竟是正式開始騎乘的第一天，心情總是愉快的。時間到了傍晚五點半，天色開始灰暗，但抵達後卻發現這家溫泉旅館內部一片漆黑，外面也沒有任何遊客。當時心裡確實一驚，心想該不會已經沒有營業。我們在外面張望了許久，總算有人走出旅館，透過蹩腳的日文溝通，他告訴我們，目前旅館因為疫情影響，已經歇業很久。當下三人非常沮喪，他安慰我們，附近應該沒有旅館營業，他可以幫我們問問另一間背包旅社，「如果不介意的話」，可以在那裡住宿一晚。

等等，什麼叫做「如果不介意的話」？當然不介意，都已經要入夜了，有地方住就要感謝上天了，怎麼好意思介意呢？

離這間旅館，只有一公里左右，騎車大約只要六分鐘。於是我們懷著感恩的心情，往這間背包旅社前進。然而，我們找了很久，最後在雜草叢生的深山路邊，才發現這間需要攀爬一段階梯的背包旅社。所謂的「背包旅社」，比較像是登山小屋。老闆是個年輕人，看來接待過不同國家的登山客，櫃檯就貼了不少他與客人的黑白合照。在煮咖啡的過程中，我跟他閒聊了一下，才知道這間房子是他父親留給他的，沒錢整修，也不想改變，如果有登山客來就接待，沒客人就簡約過日，或是教附近的小朋友學習英文。

雖然我很欽佩他的生活態度，但是，房間真的有些不容易入住，因為棉被是濕的、上下床鋪時，階梯都會搖動，地板吱嘎作響，而且有說不出的霉味。我的床頭甚至有個陳年罈甕，不知道裡面放了什麼。即便每人僅收取四千日幣，而且這也是好不容易得到的簡易住宿地點，但對我們來說，只是要求乾淨，似乎還是很難。我看到浴室斑駁、污漬的地面後，對著夥伴搖頭。

夥伴／孟哲

第二天的住宿才是永生難忘的回憶。已經是下午五點三十四分，要天黑了，穿過涵洞到山的另一邊，我們在美女谷橋前看到了背包旅社，隱身在山林間的一棟小屋，我們還開玩笑說這是恐怖電影裡會出現的場景。

「我先不洗澡了，因為擔心會不會有靈異故事出現。」我開玩笑說。豈料，這件事一語成讖。就在當天深夜，我們去吃完晚餐以後，發生了一件無法解釋的事件。

因為沒有提供餐點，學立找了附近的一家「看似當地人會去」的餐廳，讓我們可以不必在第二天就拿泡麵當晚餐。因為餐點很美味，其實有很大一部分原因，也是我們不想太早回去那間旅社，我們在那裡待到將近十點。學立提議，走路大約只要十餘分鐘，我們乾脆走路回去。就在快到旅社前，走在前方的學立，突然問了我們：「你們有沒有聞到一股香水的味道？」

說實在，當下確實有一陣微風吹過，而且圍繞在我們身邊，是人工香味，有些類似高價香水。基於學立對於精品的研究，我充分相信他的問題。

「確實有。但是我覺得是夜晚的花香。」孟哲說，但是我看到他的眼神閃過一絲恐懼。

「有就是有，我覺得應該是一位正妹走過我們身邊。」學立輕鬆的這麼說。

「你們都不要講話了。」因為我確實聽到笑聲。

這時候，我們都不說話了。走了幾公尺，我們看到一張告示牌，還有一座橋，這座橋的名字，還真的就叫做美女橋。

回到又濕又冷的旅社，老闆已經入睡。我們躡手躡腳的進了二樓，樓梯仍然吱吱作響，就在混亂的心情中，我們三人度過了一個很特別的夜晚。

有鑑於這一次的「特殊」經驗，在鐘山苑時，我就已經預先把諏訪湖的飯店訂好。但是，一再的擔憂住宿也不是辦法，於是我找了學立，把所有的行程再度確定一次，接著就請在旅行社工作的朋友承曄，每天視我們的狀況，幫我們搜尋與保留附近的旅館，才終極解決了住宿的問題。

在這段行程裡，除了東京、京都的都會型飯店外，其實在山梨縣、上野縣的飯店都各具特色，不論是料理、溫泉，都可以讓旅人得到充分的休息。即便是岐阜縣、滋賀縣的連鎖商務旅館，不論是塩尻 Route Inn、大江戶溫泉物語木曾路飯店、岐阜 Comfort Hotel，也都有自己的城市風情，這也是在這次旅程最令人期待的一部分。不論高級溫泉旅館、商務旅館，乃至於背包旅社，都讓這次的冒險，充滿驚喜。

進飯店房間的第一件事

夥伴／學立

「不管是飯店還是旅館，只要晚上有地方住都好。」老呂悻悻然地說。

我們打開車燈沿著溪流旁的山路，前往另一個有營業的旅館，五本松割烹老闆說是他朋友經營的，還用電話幫我們確認過有房間，他在老劉手機的 Google map 上輸入旅館的名稱，用日文加上比手勢示意我們往溪邊的方向走，老劉翻閱了一下 Google map 上的照片笑著說：「這個老呂一定不敢住」。雖然不如預期，但我們還是很慶幸晚上有地方可以過夜。

「Vanguard Backpackers」，顧名思義是一

間背包旅社，房舍就蓋在溪谷旁的小山丘上，四周環繞著筆挺粗大的日本杉木。我們把車停在山丘下的小棚，爬上相當陡峭的二段階梯，「すみません（不好意思）」我推開門走進去，看見老闆和兩個小朋友在昏黃的燈光下挨著一張長桌對坐，看起來像在複習作業，房間門上貼著一張寫有「Reception」的貼紙。老闆是一個留著鬍渣的光頭男子，起先看見我們有些疑惑地瞇著眼，然後彷彿想起了什麼，便很熱情地用英文和我們打招呼，看完護照繳了房費，便領著我們介紹廚房、浴室、位於二樓的房間，以及冰箱裡的啤酒「要喝自己拿，記得把錢放在桌上。」他用簡短的英文說，我彷彿聽見天籟。

房間是很基本的上下鋪，不過老舊的浴室和多處凹陷的地板，還是讓老呂面有難色，進房間後我拿起手機紀念下這個有趣的畫面，笑著和老呂說：「你應該是第一次住背包旅社吧？」為了讓他感覺好一點，我們堅持讓他先選床位，他選擇自己睡在靠近門口下鋪的位置，靠枕處的牆壁上有一個凹槽，上面擺著一個深褐色的罈子，老劉說那個罈子晚上應該會有東西爬出來。

雖然喜歡研究吃喝，但對於住這件事情，我是真不太講究，從睡著的鼾聲聽起來，老劉應該也沒什麼意見；老呂可能是真怕罈子裡的東西，睡前帶著香菸和手機走到一樓，坐在門口的階梯上滑手機。我不習慣早睡，便去冰箱拿了一瓶冰啤酒，到門口陪他坐一會兒。山裡的夜空是深藍色，沒有光害所以星光燦爛，山丘下溪水淙淙地流著，晚風時不時從杉樹林撥起濤聲，我們師徒兩人坐著，有一搭沒一搭地聊著。不知為何，聊到我們都有一個很嚴厲的父親，雖然一直沒有辦法和父親很親近，但我試著修補，我說自己最近買了一支年紀差不多的古董手錶給爸爸，是我這輩子第一次認真想送他禮物。

他放下手機，認真看著我問：「你會和你爸撒嬌嗎？抱抱他，然後說很想他這種。」

「怎麼可能。」我難以想像那個的畫面。

「但我會喔。」他表情有點自豪，彷彿想告訴我什麼。

* * * * * *

在旅途中幾個同住的夜晚，我常常喜歡觀察他們兩位，進飯店的房間先做的第一件事情。

老呂通常是先找插座讓手機充電，我手機裡還留著一張照片，是他一進房門車衣褲都還沒換下，就面向插座方向，抱腿坐在日式臥榻上，一手摀著臉頰（因為牙齒很痛），一手握著正在充電的手機，開始回訊息；老劉則是會在大夥面前直接把今天穿的車衣脫下，裸著上身在浴室開始洗今天穿的衣服（當然也有拍照留存），然後馬上晾起來；因為抵達旅館時大多已是黃昏的時候，我的第一件事是打開窗戶（或空調）通風，順便欣賞窗外餘暉下僅存的景色。

雖然不否認這樣做，有那麼一點心理測驗、分析人格特質的趣味在裡頭，但比較直觀地說，這反映我這兩位旅伴，在辛苦騎乘一天後，內心最在意的事情，一位與外界中斷聯絡會極度焦慮；另一位則擔心明天沒有乾淨的衣服可以穿；我則可能很在意那些一旦過了當下，就會消逝的東西。

插座，是必須在有電力設施的飯店旅館內才會存在的東西，因此，想要充電就必須在一個有正常供電的地方過夜，就不用說要有一個浴室洗衣服，還有可以晾曬衣服的地方；雖然我們一行人（可能只有我和老劉）常懷有餐風宿露的心理準備，但那充其量也是有心理準備，並沒有實際準備，尤其我們的行李裡沒有準備帳篷、睡袋或戶外發電機這類的物品。

之後，我們住進河口湖兼具日式服務和現代設備的鍾山苑，在下諏訪湖畔的傳統日式旅館，體驗早上七點被女將叫起來吃早餐。好幾次在我們走投無路時，臺灣友人幫忙訂到的連鎖飯店（我愛死那個在接待櫃檯旁的免費熱咖啡）；還有在老呂發完脾氣後，我們三個在夜雨中合作抵達歧阜，看到那間像是在沙漠中閃閃發亮的商務飯店（樓下就有和牛燒肉店，窗邊還可以看到織田信長黃金像），這些地方就像是珍珠項鍊一般，一顆顆大小不同、但各有美好地串起整段旅程。

每一個能面對插座滑手機、在浴室洗衣服、期待打開窗戶發現新風景的安心時刻；還有為了平安抵達這些地方，路途中的每一個意外、歡笑、痛苦及焦慮。也不知道是因為刻意的找尋，還是它多年來在原地等待我們，能讓我們在這次旅途中投靠依賴，而想起其中因緣際會的美好。

便利商店

我們在這個便利商店做最後一次的整補，
我買了一個麵包，分成三份，一人一口。
我對著夥伴說，這有點像是「歃血為盟」，
今天晚上一定要安全達到目的地。

在展開這次旅程之前，日本的便利超商對我而言，並沒有太大的意義，因為無論自由行，乃至於員工旅遊，「都不至於」在這個地方用餐，頂多也就是在這裡買些零食而已，但是我又不喜歡吃零食。而所謂的「都不至於」，意思就是，可以在餐廳裡吃飯，行程又不趕，怎麼樣都不可能在這裡用餐，不是嗎？

但是，這次的冒險旅程，如果沒有三大便利超商的支持，或許很難在驚險中完成。三大便利超商，是指 7-11、Family Mart 與 Lawson。日本的便利超商系統與臺灣非常類似，一年三百六十五天、二十四小時都有營業，而營業內容與臺灣也非常接近，應該已經是城市居民不可或缺的重要商店。但是，即使去過日本這麼多次，對於他們的便利性與差異性，其實一無所知。

在臺灣騎公路車，補給基本上算是方便，臺灣的便利商店密度應該是全世界數一數二，都市化的程度更是相當驚人，因此在大臺北地區騎車，不論是巴拉卡公路、冷水坑、烏來等等路線，要隨時停下來，在便利商店補給水、食物都不難。但是，在日本，由於我們的路線選擇，便利商店就會顯得相當珍貴。特別是從離開東京地區，進入山梨縣以後，這種情況就更明顯。

就公路車騎士來說，最重要的就是水與熱量，一般而言，水會準備兩瓶，熱量，當然就是食物。不過，這次的旅程相當特別，除了水以外，我補充的是咖啡熱罐，而學立補充的是啤酒。在日本，咖啡熱罐，對於我來說，竟然有近乎熱愛的執著。平常在臺灣，對於咖啡熱罐的糖份其實有些恐懼，但是在日本的時候，反而幾乎不喝無糖咖啡熱罐。不論是 Boss 的咖啡歐蕾、奢侈微糖，或是 Georgia 的 Grande 微糖、Max 咖啡、香味 Blend，或是 Wonda 的炎之焙煎、金之微糖等等，只要有機會看到自動販賣機，或是便利商店的熱罐，就會買下來趁熱喝掉。學立則是對於啤酒有種過分的熱愛，有次我終於忍不住問他：「像你這樣每天無酒不歡的人，到底想要透過喝酒得到什麼？」

他試著在工作與生活中求得平衡，
但我則是規律的投身在工作當中，以為工作帶來的安全感，
就會是快樂。

他引用了約翰・藍儂的一句話：「你說我不懂生活，我說你不懂快樂。」

是，我是不懂喝酒的快樂。但是我知道當騎車騎到筋疲力盡，外面的平均溫度大約只有十度上下，喝一瓶咖啡熱罐的快樂，或許我們追求的是一樣的，只是工具不同而已。不過，這也或許象徵了我們追求的目標有些差異，他試著在工作與生活中求得平衡，但我則是規律的投身在工作當中，以為工作帶來的安全感，就會是快樂。

除了我們喜歡的飲料，可以在便利商店補足以外，重要的當然就是食物。日本超商的各種食物，對於公路車的騎士來說，選擇性相當多。在旅程中，我最常買的補給品，大概就是炸雞、甜點與壽司。跟咖啡熱罐一樣，在日本的時候，我對於甜點、炸雞，完全不忌口。還安慰自己，重訓教練曾說到了日本騎車，不要在意熱量，因為你整天的運動量，足以把所有的食物熱量抵銷殆盡。也因此，每到一個補給點，就開始搜尋這家超商有沒有雞塊君，或者有沒有芋頭、奶油捲。學立對於我喜歡豆皮壽司無法理解，但是對我來說，這是一種最簡單，但是能品嚐純粹日本米風味的食物。就這樣，在漫長的道路上，只要看到便利商店，能吃到這些東西，一定不會放過。而且，帶隊的學立，都會以「前面大概轉個彎，就有便利商店了，我們再撐一下，馬上就到。」的精神喊話，當作讓我們往前進的動力，然而天曉得，這個彎，往往是好久以後，才會出現的彎。

為了完成當天的進度，我們其實就只能在一天內，在便利商店停留三到四次，通常就要把握機會當下進補，否則過了這個村，下次這個店或許就得要等很

久。在前往諏訪湖的那一天，便利商店就因此成為這次旅程中，對我而言最特別的回憶。

十月的日本，大約五點半太陽就會下山，但是我們離目的地竟然還有將近五十公里，以及幾個山頭要爬升。我們在這個便利商店做最後一次的整補，我買了一個麵包，分成三份，一人一口。我對著夥伴說，這有點像是「歃血為盟」，我們今天晚上一定要安全達到目的地。接著，就是無止境的山區大雨，我們再也沒有辦法停，因為學立提醒大家，一旦停下來，身體冷卻就更容易失溫。於是在黑夜裡，我們三台車就像是鬼魅一樣，行駛在山區中，旁邊的卡車呼嘯而過，我們則是默默的、慢慢的往前推進，直到諏訪市區的溫泉旅館。

到了溫泉旅館，時間已經是十點多，當然已經沒有晚餐讓我們吃。在泡完溫泉，讓自己身體逐漸回溫以後，我們三個人饑腸轆轆，一起走到了這個旅館旁邊

神楽殿
かぐらでん
国重要文化財
御神前に神楽を奉納するための建物
で天保六年（一八三五）上社本宮
幣拝殿を手掛けた立川和四郎二代目
棟梁 富昌により落成した
三方切妻造と呼ばれる様式で幣拝殿
のような彫刻は見られない
正面の大注連縄は御柱祭毎に新しく
奉製され重量は約一トンである

唯一的便利商店。我又挑了咖啡熱罐、甜點、便當、豆皮壽司，好像這輩子都沒吃過一樣。而學立也照往例，挑了氣泡酒、下酒菜，我們就索性蹲在超商外的停車場，佐著無光害的滿天星空，與安靜無聲的街道，把停車場當作居酒屋來使用。大約到了午夜，有一群工人，嘻嘻哈哈的走進超商，也買了一些食物與飲料，同樣在外面吃飯。工作上的訊息一樣要回，我就這麼一邊吃飯，一邊把「該做的事情」做完。他們兩個人，則是在噴發官司敗訴的憤慨。

「欸，為了今天的這一切，我們來乾杯吧！」

這時候我才知道，對於我們而言，便利商店已經是我們凝聚情感的共同回憶。在這裡吃飯、在這裡抱怨、在這裡像個孩子一樣，肆無忌憚的喝酒、喝咖啡、蹲在角落吃飯，其實是整場旅程裡，很有意思的重要部分。

人往往比想像中堅韌

夥伴／學立

便利商店對我來說，是一種安全感，下班回家前進到便利商店，我通常穿著西裝，帶著忙碌一天的皺褶，已經歪一邊且鬆散的領帶，胡亂或任性地買一些啤酒或是想吃的食物，作為一種犒賞或懺悔的儀式，像是中元普渡的大禮包一樣，裝滿五塊錢的大型購物袋，然後用一種彷彿劫後餘生的罪惡感，落荒而逃。

* * * * * *

第一天，我們的計畫是要從東京市區日本橋，騎到神奈川縣相模湖，中間我們騎過了一段很像河濱公園的堤防道路，在一個溫暖且陽光充足的午后，剛開始旅程的我們，體力充沛、鬥志高昂，騎著我們三個都未從騎過的路線。沿途的街景，從市中心的玻璃帷幕商業大樓，逐漸變成哆啦A夢漫畫裡的民宅、小公園，更長更直的外環道路，同時要適應著騎車須靠左邊的規定，簡直險象環生。在一個堤外道路的盡頭，也應該已是東京都的邊緣地帶，我們要騎跨過橋到對岸，在對岸的遠方隱約開始有了山巒綿延的影子，老劉在橋邊幫我們拍了一些看起來意氣風發的照片。騎了快四十多公里，因為大家水壺都快沒水了，於是我們決定將前方約一公里的7-11作為此行的第一個休息點，或許有那麼一點紀念性的意味，所以令我印象深刻。

進到店裡，我毫無猶豫地打開玻璃冷藏門，拿了一罐金色藍色相間包裝的三得利啤酒，因為總覺得上面有寫著「天然水」的漢字，特別解渴（亂講），老劉也許也是拿了啤酒，老呂拿了一瓶綠茶和罐裝咖啡。結帳完，我們三人在店外角落的空調室外機柵欄前集合，老呂一臉不以為然地看著我喝啤酒，一邊叼著菸，老劉架好相機為我們三個合照。我很喜歡這張照片，照片裡，老呂像日本作家太宰治一般側仰著頭，右手夾著香菸，我和老劉站在他的兩側，老呂的表情很好，像是認真地在享受著一種難得的自我放逐，而且，他很高興他做到了，我也是。

第三天，抵達諏訪湖邊的老式溫泉旅館後，在臺灣同事通知我輸了一件本來很有希望贏的案件，當下，一整天和大家一塊兒死裡逃生的成就感，瞬間化為烏有，只剩下低落。我常常會有一種錯覺，在每一次案件中、每一個當事人身上，我們（律師）必須給出靈魂的一小部分作為交換，可能是性格裡特別多的部分，偏執、心軟、膽怯、衝動、憤慨，然後我們逐漸開始對一切引起情緒波瀾的事情麻木，慢慢失去愛、失去恨、對人溫柔、激動的能力，只剩下空空的軀殼和逐漸黯淡的眼神。我當時，就是這樣狀況，身上是混著汗水、雨水還有飛濺砂土的公路車衣褲，蓬頭垢面地看著溫泉旅館內的女將進去廚房，獨自一人坐在溫泉澡堂外的長椅上，手上拿著「信州　諏訪浪漫」的啤酒默默喝著（雖然心情不好但啤

夥伴／孟哲

拍三人合照時，我會尋找適合放相機的地方，
按下十秒自拍，然後趕快跑回畫面內，整趟旅程我就是這樣，
為了拍照而跑來跑去的，只能說我甘之如飴。

酒非常好喝），伴隨著廚房傳來啤酒的開罐聲，老呂拎著換洗衣服從樓上下來：「老曾，去泡個澡吧！」

洗完澡後我們三人飢腸轆轆，儘管已經是晚上十二點，還是決定散步到附近的 7-11 找點晚餐吃。附近的街道很安靜，湖邊的晚風中帶著一點涼意和濕氣，我買一盒鹽煮毛豆、玉子燒煎蛋，還有一瓶西班牙用傳統法釀造的 CAVA 氣泡酒（深夜裡的便利商便居然有這個），喔對了，為了可以欣賞氣泡，我還買了幾個透明的塑膠杯。

就這樣，我們三個人坐在便利商店的停車格磚上，把食物三三兩兩地擺在旁邊，他們兩個就在這停車場版的居酒屋板前，默默聽著我的抱怨：「為什麼這個案件會這樣判？」「當事人是要怎麼面對？」「我真的無法接受這樣的結果！」突然，老劉在諏訪湖的夜空下，仰頭將塑膠杯裡的氣泡酒一飲而盡後，淡淡地說：「我覺得，今天我們騎完這一段，應該沒有什麼過不去的了。」當下，我覺得他好帥，我自己怎麼這麼孬，而老呂依然在旁邊，用手機回著沒完沒了的訊息。

在這趟旅程中很明顯的是，便利商店可以接受任何時候、任何狀態下的你，飢寒交迫的、失眠的、買醉的、無聊的；是一個人也可以，和一群人也可以；可以繞著逛著買一些不屬於自己年紀該吃的東西或物品（我曾在晚上鄉間公路上的 Lawson 買了卸妝濕紙巾），你可以穿著不合時宜的衣服，在奇怪的時間吃奇怪的東西（像老呂會在宵夜時段吃豆皮壽司），沒有

大多數的時候，人往往比想像中的更堅韌，

而有時候我們需要的，不只是完善的事前準備，

而是在下一個精疲力竭的時候，

能遇到一間便利商店喘口氣的運氣。

人會管你，也無需有任何理由。

有時候我們喜歡坐在裡面，有時候喜歡坐在外面，端看有沒有好的風景和心情。旅途中，好幾次我們就在停車格和玻璃櫥窗中間的走道，或坐著或站著，汗水和熱氣會在玻璃或不鏽鋼的柵欄上留下一下就會消失的蒸氣印子，停車格底端的螢光提示磚是椅子或桌子。在幾個沒有路燈或人煙的鄉間道路上，盼著能經過那些在遠方閃閃發光的藍色、綠色、橘紅色，享受短暫但踏實的安全感。

在這趟旅程中經過便利商店，我常常在想，要停下來嗎？錯過了這間，後面還有嗎？老劉餓了怎麼辦？老呂是不是會沒水？騎在前面的時候，很多簡單的問題都開始複雜，有時候你餓了就撐一會兒，但你的隊友們撐得住嗎？不過大多數的時候，人往往比想像中的更堅韌，而有時候我們需要的，不只是完善的事前準備，而是在下一個精疲力竭的時候，能遇到一間便利商店喘口氣的運氣。

便利商店可以接受任何時候、任何狀態下的你，
飢寒交迫的、失眠的、買醉的、無聊的；
是一個人也可以，和一群人也可以 ......

12

美食與飲酒

整段旅程下來，原本以為可以減重若干，
但事實上卻完全沒有影響。
從這個角度來看，
運動大概就只能讓我們快樂的吃，
但是並不能讓我們避免發胖的魔咒發作。

身為天秤座的律師，大部分人會以為，美酒與美食是必要的生活調劑。

然而，事實並非如此。因為平常的工作時間往往會延續到晚上十點，下班以後，大概也就是回家，幾乎沒有應酬，至多就是自己做些家常菜，或是烘焙麵包與蛋糕而已。許多人會在年節時送禮，我也經常會收到紅酒、威士忌之類的禮物。然而，這卻也是我最不願意收到的，因為，從年輕時候開始，我就不喜歡喝酒，曾經想要嘗試看看，但卻怎麼也不懂欣賞。不論是啤酒、紅酒、白酒、威士忌，從酒精濃度低到高，就是很難接受。我的考量比較務實，喝酒無法解渴、會變得理性低落、還會讓自己第二天頭痛難受，這樣的飲料，到底有什麼好喝的？

然而，學立並不這麼覺得。從我認識他開始，他就是個喜歡美食、酷愛喝酒的浪漫雙魚男。他不僅對於法規了然於心，對於臺灣各地的美食，也瞭如指掌。他可以為了品嚐義大利菜，專程從臺北趕赴臺南，再當日返回臺北。對於紅酒，不論是新世界、舊世界，包括法國、義大利、美國、智利的葡萄品種、年份的不同，他都可以如數家珍。當然，他不只懂，還懂喝，還可以為了喝酒去考品酒師。如果律師界有品酒金牌，他肯定可以名列前茅。因此，在騎車之餘，只要有機會，他肯定要喝酒，而且到了無酒不歡的地步。但是，他品酒而不是酗酒。我曾經問過他，為什麼要當律師？

「雖然我很想說，如果不是家裡窮，沒人想來做律師。但是，我真實的想法是，我想要賺錢，有朝一日，可以到美國或法國買下酒莊以後親自經營，釀出最好的紅酒。」學立說。

這是很偉大的志向，而且我覺得，在他有生之年，應該可以做到。之所以覺得他可以，不是因為他很會賺錢，而是因為他有一股優雅的氣質，應該可以跟他的酒莊搭配得很好。

美食往往不是來自於預定，而是來自於意外。

最讓我印象深刻的，是在塩尻車站附近的山賊燒。

不過，在這趟旅程中，他都是喝啤酒居多。啤酒對他來說，應該確實是千杯不醉的等級，他可以在中午時，喝下幾杯生啤酒，接著面不改色的繼續帶領我們往前衝。晚上到了飯店，他更可以在燒烤店或居酒屋連續豪飲，我卻只能永遠喝烏龍茶。連在京都車站逛街，他都能跟我們打賭，看到一家便利商店，就喝下一瓶啤酒，而且還真的做到了。

在 Vanguard Hostel 時，因為背包旅社裡沒有任何娛樂，那時候是深夜，因為沒光害，透過樹蔭，仍可以看到滿天星斗。孟哲已經入睡，而我們兩個人就分別拿著啤酒與咖啡，坐在旅社的石頭臺階上。我們聊著對於未來的想法。

「老闆，你知道嗎？喝酒這件事，其實可以讓我看清楚更多事情，因為你都習慣用理性去看事情，你的感性只存在工作上，這是很詭異的事情。」

「愛喝酒就說，不用找什麼藉口。」我明知道他是對的，我還是說了這句話。那天晚上，我們聊了很多，也聽了彼此很多故事，如果不是酒，或許他不會說這麼多吧！

在日本，有各式各樣的地方酒，當然也有各種在臺灣覺得昂貴，但是在當地卻非常便宜的美食。不過，美食往往不是來自於預定，而是來自於意外。舉例來說，在京都的最後兩天，朋友幫我們預定了清水寺的蟹遊亭、南禪寺的八千代。這兩家餐廳都是京都的一時之選。然而，最讓我印象深刻的，卻是在塩尻車站附近的山賊燒。所謂的山賊燒，是塩尻當地的鄉土料理，簡單來說，就是把雞腿肉用洋蔥、大蒜、醬油等醬汁醃過以後，再以麵粉包裹油炸。雖說是日式雞排，但表皮並不是金黃色，咬起來仍然鮮嫩多汁，是當地人很喜歡的料理。通常山賊燒定食裡，還包括一碗米飯、味噌湯與醃製小菜。吸引學立注意的，是生馬肉。這家居酒屋是山賊燒元祖店，不知道是不是這樣，所以雞排特別大塊、馬肉也切得相當厚實。這幾天，原本都還是喝烏龍茶，看著這麼豐盛的晚餐，也決定跟他們一起喝啤酒，那天應該是這幾年來喝下最多酒的時候。

其實，在整段旅程裡，最常接觸的還是便利商店。特別是中餐，往往就在Lawson、7-11、Family Mart就這麼簡單的解決了。在出發前，重訓的教練告訴我，想吃就吃，盡量補充熱量不用客氣。因此，在便利商店往往就是便當、炸物、甜點通通都來。不過，回到臺灣以後，我發現教練說的話是錯的，因為整段旅程下來，原本以為可以減重若干，但事實上卻完全沒有影響。從這個角度來看，運動大概就只能讓我們快樂的吃，但是並不能讓我們避免發胖的魔咒發作。

一件
充滿期待的事情

夥伴／學立

二〇一二年秋天，我剛實習期滿，應研究所學長的邀約，決定拿著好不容易變多的薪水去香港玩幾天。受惠於得天獨厚的稅制，以及成熟的飲酒文化，當時在香港購買香檳的價格相當合理，大概是臺灣七折的價格，我們在九龍河內道旁邊的 Watson's Wine 買了一瓶半瓶裝，只要幾百塊台幣的高仕達（Gosset）香檳，就在店門口開來喝。一邊猶豫要不要到旁邊K11百貨公司的超市，買一罐魚子醬，想像著，如果沒有附上一只貝殼湯匙，也可以直接用食指淺淺地挖一口，吮著吃，可以搭配從維多利亞港方向吹來，略帶鹹味和柴油味的海風。當時我二十六歲，身上披著古惑仔風格的黑色皮衣，這是我人生第一次，體驗在異地旅行，美食美酒帶來的魅力。

＊　＊　＊　＊　＊　＊

相對於老呂的滴酒不沾，我們算是喝酒光譜的兩端，老劉在中間。近年尤其對於會冒著氣泡的酒類特別著迷，例如在經過長距離的騎乘或是跑步後，喝上一口完全冰透的啤酒，泡沫和冰涼酒液從喉嚨嚥下的瞬間，人生絕對沒有比這個更暢快的事。

不過前一陣子，我開始只喝香檳，不管是什麼知名廠牌或是小農出產的，只要產自法國標示為「Champagne」我都喝。

或許可以帶著一點不知羞恥的自豪感說，我每天喝的香檳比水還多（因為我不喜歡喝白開水），但說實在，這不是為了追求什麼多迷人的香氣，或獨到的品味，單純只是因為香檳貴，且會醉，有別於啤酒的存在。大多數的時候我毫無憐香惜玉的習慣，會用手直接握著笛型杯的杯身，而不是用手指挽著杯梗，把幾乎快盛滿的香檳分成一到兩口喝掉，然後用力打一個俗氣的香檳嗝。

而很多時候在外面用餐，服務生靠上來倒水，我都會婉拒說：「晚上五點之後我不能喝水。」

「請問是有特殊考量嗎？」通常服務生會認真地問。

我也會認真地回答：「沒為什麼，只是因為這樣會比較開心。」

吃飯喝酒，天經地義，尤其在旅行途中。

中山道之旅的美酒體驗，可以說是從飛往東京的商務艙開始的，臺北飛東京

每天除了努力騎車，途中一日三餐，

乃至路邊休息吃個點心，是每天都讓我充滿期待的事情。

的航線，商務艙供應香檳，不過在高空中喝香檳，常會因為客艙空氣乾燥的關係，覺得香氣少一半，但搭配旅客出發時的雀躍和期待，就是一個很應景的存在。我們三個坐在鄰近位置，空服員給了我們一人一杯香檳（老呂也有），在數萬英尺的高空中舉杯相碰，水晶玻璃杯擦出清脆悅耳聲音，像是來自天使的祝福。

不知道對其他兩位夥伴來說是如何，但每天除了努力騎車，途中一日三餐，乃至路邊休息吃個點心，是每天都讓我充滿期待的事情。

在塩尻市的晚餐，頗有在地特色，我們三個在山賊燒名店「元祖山賊燒」所吃到的口味，有點像是臺灣鹹酥雞攤的香雞排，只是肉的部位和粉漿的成分不太一樣，分量相當足夠，上菜時底下還會豪邁地墊著一片翠綠高麗菜，盛裝的盤子約有兩個人臉大。

三個身著 T-shirt、短褲的臺灣人，走進一間充滿當地西裝小哥、連身工作服大叔的老式居酒屋，本來就引人側目；尤其斜掛在牆角的電視上，出現關於臺灣總統候選人的新聞時，老呂還指著畫面而大聲嚷嚷，但那種被外人闖入祕密基地的緊張肅殺氣氛，在我們點了一瓶以店家創始人命名的日本酒「安治郎」而打破。坐在我旁邊榻榻米墊上的阿叔，甚至遙舉酒杯和我致意，外場小哥對我們比了一個讚的手勢，店裡的菜單表示，這是可以和山賊燒完美搭配的酒。因為體質的關係，我本不喝由米釀造的酒，但在一口咬下鹹酥噴香的山賊燒，再喫一口略帶甜味和辛辣的「安治郎」，確實頗有道理，只是清酒杯有點小，少了山賊們豪飲的匪氣。

抵達京都的那一天，天色昏暗，我們差一點從岔路轉往高速公路。沿著陸橋下滑往京都南禪寺方向前進，老呂託朋友幫忙訂了壽喜燒名店「八千代」當作我們的慶功宴，餐廳的女將領著我們三個風塵僕僕、穿著自行車衣褲的男子，走進一片由竹籬圍起的日式庭園。庭園裡的松柏、假山、造景和流水被燈光照得生動，在塌塌米擺好的席位上，我和女將說可否點一瓶香檳，以紀念這個時刻，研究了很久才發現，這裡沒有供應香檳，只有啤酒。

二〇二三年，因為出差的關係，客戶幫我安排在附近的 Hyatt 酒店，舊地重遊，實在忍不住走進熟悉的 Watson's Wine，買瓶熟悉的高仕達香檳，才知道，酒變貴了，包裝也不一樣了，慶幸自己現在仍能喝得起。只是K11百貨裡終究是沒有賣魚子醬，而那件黑色皮衣估計也不能穿了，襯著夜色霓虹，映在店家玻璃櫥窗裡的那個身影，已是一位年近四十的西裝大叔了。

13

一件浪漫的事

一路上，我們沒有再提這件事，
但是滿地掉落的日本秋柿，
一直在我的腦海裡鋪陳，
那棵讓學立記憶浮現的老家柿子樹。

在臺灣，各種行道樹，對我來說只是裝飾，通常我沒辦法分清楚這棵樹究竟是欒樹、白千層、木棉，抑或是水黃皮，原因當然是在臺北，風景對我來說只是背景，而不是真實生活的一部分。真實生活，就是開庭、開會等工作，即便是自主訓練騎車，兩旁的樹木也就像是路邊的觀眾，比較遺憾的是，它們不會幫我加油打氣，只能看我氣喘吁吁的在山路裡爬升。

但是，到了東京以後，這些路樹竟然變得具體，不論是楓樹、銀杏、栗子樹、或者是柿子樹，豐富的顏色與掉落的果實，都讓我們這些亞熱帶來的騎士心情充滿訝異。滿地楓紅，在臺灣很難想像。李清照的詞裡，有「簾捲西風，人比黃花瘦。」也有「知否？知否？應是綠肥紅瘦。」更有「滿地黃花堆積，憔悴損，如今有誰堪摘？」這些在臺灣很難想像與體驗的風景，從東京到京都，都可一路飽覽。

心境上的不同，當然是主要原因。在日本，只要專注的跟隨學立的指示，不斷奮力向前，不論是加速的平路，或是慢速的爬坡，都不用煩惱在臺灣的各種公事與瑣事，這時候，快樂是加倍的，放鬆是誇大的，所以各種感官就這麼被打開，這應該就是所謂的旅行樂趣。另一個原因，就是行車安全。由於爆胎可能、補胎不易，我們也就背負了一點行李與簡易工具，這幾天萬一在深山裡爆胎，可不是路邊召喚保母車就能處理的。因此，行車在路上，不論上坡，或是下坡，都得小心翼翼注意路邊的障礙物。為何是路邊呢？因為公路車騎士，不論在哪個國家，基於速度緩慢，都很難大辣辣的就直接在路中央行駛，否則後面的車輛肯定會翻白眼與按喇叭。而路邊的障礙物，不論是圖釘、落葉、碎玻璃、小石頭，都是最多的。

因此，從離開東京市區以後，我總是擔心路邊的突發小狀況會讓車子停擺。看到最多的，竟然是路邊掉落的諸多帶刺果實。這些帶刺的果實，根據自己的猜測，應該是在臺灣很難看到的栗子。不過，這時候也就是記得閃躲，沒有要撿起來食用的想法，直到轉進木曾道以後。

我們的路線，其實並不完全按照江戶官道行走，因為當時想要到富士河口湖走一趟，自然不能經過長野縣，而是直接往山梨縣方向前進，進入山梨縣後，才又重新回到木曾道。經過木曾漆器博物館之後，總算到達臺灣人也耳熟能詳的宿場，也就是奈良井宿。從奈良井宿開始，一路經過藪原宿、宮之越宿、福島宿、須原宿、野尻宿、三留野宿等等，終點站是妻籠宿。我們之所以希望當天可以抵達馬籠宿，是因為我們希望預

不論是加速的平路，或是慢速的爬坡，

都不用煩惱在臺灣的各種公事與瑣事，

這時候，快樂是加倍的，放鬆是誇大的，

所以各種感官就這麼被打開，這應該就是所謂的旅行樂趣。

留一些時間在這兩個完整保留江戶建物的宿場停留，期間的宿場只能略過不看。基本上，我們已經有共識，非必要就不停，免得耽擱到終點的時間。但是，就在某個斜坡，學立竟然停下來了。

當時已經是餘暉，夕陽著映照斜坡，我有些看不清地面上有什麼，大約是遍地飽滿的果實，有扁平的、飽滿的、破碎的，其實我也搞不清楚究竟是什麼。只見學立帥氣的停下車子，撿拾了一顆掉落在地上的果實，接著，他把果實放在衣服上些微擦拭，竟然就大口咬了起來。當時當下想到的，竟然是民法七九八條的規定，「果實自落於鄰地者，視為屬於鄰地所有人。但鄰地為公用地者，不在此限。」這是公有道路，他吃了這顆果實，應該不會犯法吧？例如侵占罪？

在淡黃的落日下，他的表情有些複雜，我懷疑他在哭，但是沒有證據。他告訴我，「別擔心，我吃的是柿子。」正當我要說些什麼，他跨上了車子，然後淡淡的說：「我想到了阿婆。阿婆家以前有柿子樹，我很想念她。」我們繼續往前，一路上，我們沒有再提這件事，但是滿地掉落的日本秋柿，一直在我的腦海裡鋪陳，那棵讓學立記憶浮現的老家柿子樹。

從那天後，我開始注意地上的果實了，因為我發現，撿起地上的果實吃，在日本似乎是一件可能的事情，我怎能放棄這麼浪漫的行為？就在隔天進入岐阜縣以後，我注意到了路邊滿滿的帶刺果實，也就是栗子。以往，我只擔心這些果實會不會刺破輪胎，現在，我停下車來，決定好好研究，這些掉落在地上的栗子究竟能不能吃？我小心翼翼的撿起了其中一顆，但是這顆栗子的外殼，立刻刺傷我的手指，頓時鮮血滲出，我痛得有些不知所措，帶頭的學立大概是聽到我的慘叫，轉頭看看我，很擔心的對我說，「沒事吧？我這裡有藥，需要嗎？」

當然不需要，就這麼點小傷。況且，它開啟了我對於環境的觸覺，只是很懊

惱，怎麼沒注意硬殼上的刺。這或許是因為我們平常看到的嘉義板栗，都已經是深棕色的軟殼，怎麼會有外表帶刺的綠色硬殼？可是我已經沒有勇氣把這個硬殼剝開，於是認分的放下這顆硬殼栗子，跨上車子，繼續往前走。

到了飯店，不論是柿子或是栗子，我都已經忘記了。然而，我卻始終一直記得學立的表情，不論是他懷念阿婆摘下的柿子，或是關心被栗子刺傷的我，那些流洩而出的真實感情，應該都是我會記得很久的心動，而我也總算知道李清照的那句「才下眉頭，卻上心頭。」究竟是什麼意思了。

外婆的柿子樹

夥伴／學立

秋天到日本騎車旅遊，不能少了栗子和柿子，這句話不只是一個食材時令的指引，也是真實存在的一個狀態。說來不誇張，這趟旅程，只要我們騎車經過有樹的地方（甚至民宅院子裡或河濱公園旁），不是看到滿樹（地）的橙黃柿子，就是一落落深褐色成堆的栗子（殼），這是真實上演在我們旅途沿路的景色。有趣的是，恰與一些不能明說的緣分一般，雖然不斷相遇，但卻很少真的吃到。

直到第三天，在河口湖鐘山苑別墅然然（べっしょささ）的晚餐，我們才吃上所謂日本秋天的柿子，但是那種經過廚師精心烹調過的態樣，事後查了一下，菜單上寫的是「柿マスカルポーネ和え

（按：柿子配馬斯卡彭乳酪）」，小小一塊被盛放在前菜的紅色漆器上，成為日式前菜方格盤裡的一抹橘色與白色。當天我們還點了一瓶山梨縣產的甲州白葡萄酒（グレイス甲州酒莊），因為老呂記得這是男星木村拓哉在日劇《グランメゾン東京（東京大飯店）》推薦的酒莊。搭配白色的鱈魚白子，這酒釀得很精彩（連老劉都讚不絕口），但我對於這次柿子入菜的印象依然很模糊，也很難說是秋天食材的味道，可能對我來說，柿子跟秋天比較沒有關係。

在快到歧阜縣土岐町一間和牛餐廳的公路上，我聽到老呂在後面「哎啊」叫了一聲，才發現他跟我一樣，沿路伸手想撿那些，樹上掉下或滾落路邊，被陽光曬得外殼乾硬、冒著尖刺的栗子（對，他的手也被刺到了），對於生長在亞熱帶的臺灣人來說，路邊就能看到栗子本人是一種很新奇的體驗，我猜在漁港長大的老呂，可能覺得它有一點海膽的既視感，外表帶著刺，但裡面軟糯，或是說也有一點像他自己。

老呂在我們回到臺灣後，在網路上寫了一篇關於我，或是雙魚座男子的文章，裡面提到我不顧衛生考量，在地上撿野生柿子吃而想起我外婆的文章。這是我自己不太敢觸碰的一塊，可以想像接下來的文字，我都是含著淚寫完的（還要假裝沒事）。

其實，想要吃一口從樹上成熟，而剛掉下來的柿子，這個執念（或稱它為一個計畫），從第三天前往河口湖的公路邊，開始出現柿子樹的時候，就在我心裡萌芽了。當時可能因為環境的關係，樹上只掛著很多轉色中的果，就是那種稱不上橘紅色，偏黃色的狀態，當然也有可能因為附近居民，已經把熟的柿子都採下了。總而言之，像是日本文豪追求春櫻綻放的那一刻，我開始在每天的騎乘中尋找，那一顆因為恰好熟透，而從樹上墜落（沒有爛掉），命中注定被我遇上而撿起的柿子。因為是一個會被嫌棄，浪漫到無可救藥的念頭，我沒有跟隊友們說，客觀條件上，我們每天要騎完固定的里程，休息次數不能太頻繁，不是經過柿子樹想停就可以停下來找，所以與其說是找尋，心態上比較像是等待。

在參觀完妻籠宿後，我們沿著宿裡舊中山道左轉一條山徑，一路往山上騎，這個已經臨近今日收工階段的山路騎乘，又讓老呂開始在後面開始抱怨「為什麼還要爬？」「不是要結束了嗎？」「老曾走錯路了啦！」（即使只有一條路）。和大部分日本的山路一樣，這條路沒有太多「之」字形的緩衝地帶，一路陡坡到底，帶頭的人這時候如果速度沒有維持，或是決定中間休息幾次，通常就要天黑了。在騎出樹林掩映的盡頭，山道上又亮了起來，前方的斜坡

像是日本文豪追求春櫻綻放的那一刻，

我開始在每天的騎乘中尋找，那一顆因為恰好熟透，

而從樹上墜落（沒有爛掉），

命中注定被我遇上而撿起的柿子。

路邊有一整片柿子樹，果實在太陽的餘暉下，散發著透明感的橘紅色；此時，山谷裡吹來一陣風，對，就是這個時候，一顆果實就在我面前掉了下來。

我的外婆，小時候被鎮上的布商收為養女，可能常常幫忙顧店的關係，她的數字概念很好，不過因為沒有去上學，所以不識字。外公或我媽可能不見得會贊同，但在我的記憶裡，她是一個無比溫柔的人，這也反應在她雖不識字，但為了講床邊故事給我聽，會在旁邊聽完別人念完故事書後，把故事記起來，哄我睡覺時，她就會側著身，拿著故事書，依著插畫用客家話講給我聽。

她最常講的故事有兩個，一個是伊索寓言的〈鄉下老鼠與都市老鼠〉，另一個是日本著名民間故事〈猿蟹合戰（さるかにがっせん）〉，用客語發音是「猴仔摎毛蟹」。記得在故事開頭，她常常緩緩地說：「頭擺頭擺，猴仔摎毛蟹。」（按：從前從前，猴子和螃蟹，客語的頭「擺」，和毛「蟹」二個字的發音有押

夥伴／孟哲

老闆一直說雙魚座浪漫，浪漫的是學立，
他可以從地上的柿子想起他的阿婆跟童年生活，
相比之下，我應該只是幼稚而已。

韻），有時候是睡午覺，故事沒講完外婆自己就會先睡著，我則會趁機跑出去玩，但如果外婆沒睡著，講到這個故事第一個精采部分「螃蟹拿著飯糰交換到的種子，種出了一顆結滿果實的柿子樹，但因為採不到成熟的柿子，只好央求猴子來幫忙，結果猴子獨吞成熟的紅柿子，還拿沒熟的青柿丟螃蟹。」我都會指著故事書插畫上的紅柿子，跟外婆說：「這個看起來很好食。」

外婆家三合院的外圍，種了一顆很大的柿子樹，每到柿子成熟的季節，她會先採兩顆，然後用報紙包起來放在櫥子裡，等軟了、熟透了，用手掰開給我吃，她自己不吃。記憶中，外婆的手有一點皺紋，在柿子薄皮上一掐，熟糯軟嫩的果肉就冒了出來。可能因為故事的關係，我特別喜歡吃包著種子的果瓣，一邊幻想著：有這麼多種子，我可以種滿山遍野的柿子樹，以後會有吃不完的紅柿子。

那天，我在那棵柿子樹前下車，撿起那一顆剛落下已熟軟但形狀仍然完好的柿子，沒有意識到就是這一刻，在車衣上擦了擦就掰開來吃，味道很好，滋味香甜裡有山裡的陽光、還有風，還有外婆。如果她還在，好想跟她說，螃蟹其實不用叫猴子幫忙摘，真正成熟的柿子，它會自己掉下來。

特別喜歡吃包著種子的果瓣，
一邊幻想著：有這麼多種子，
我可以種滿山遍野的柿子樹，
以後會有吃不完的紅柿子。

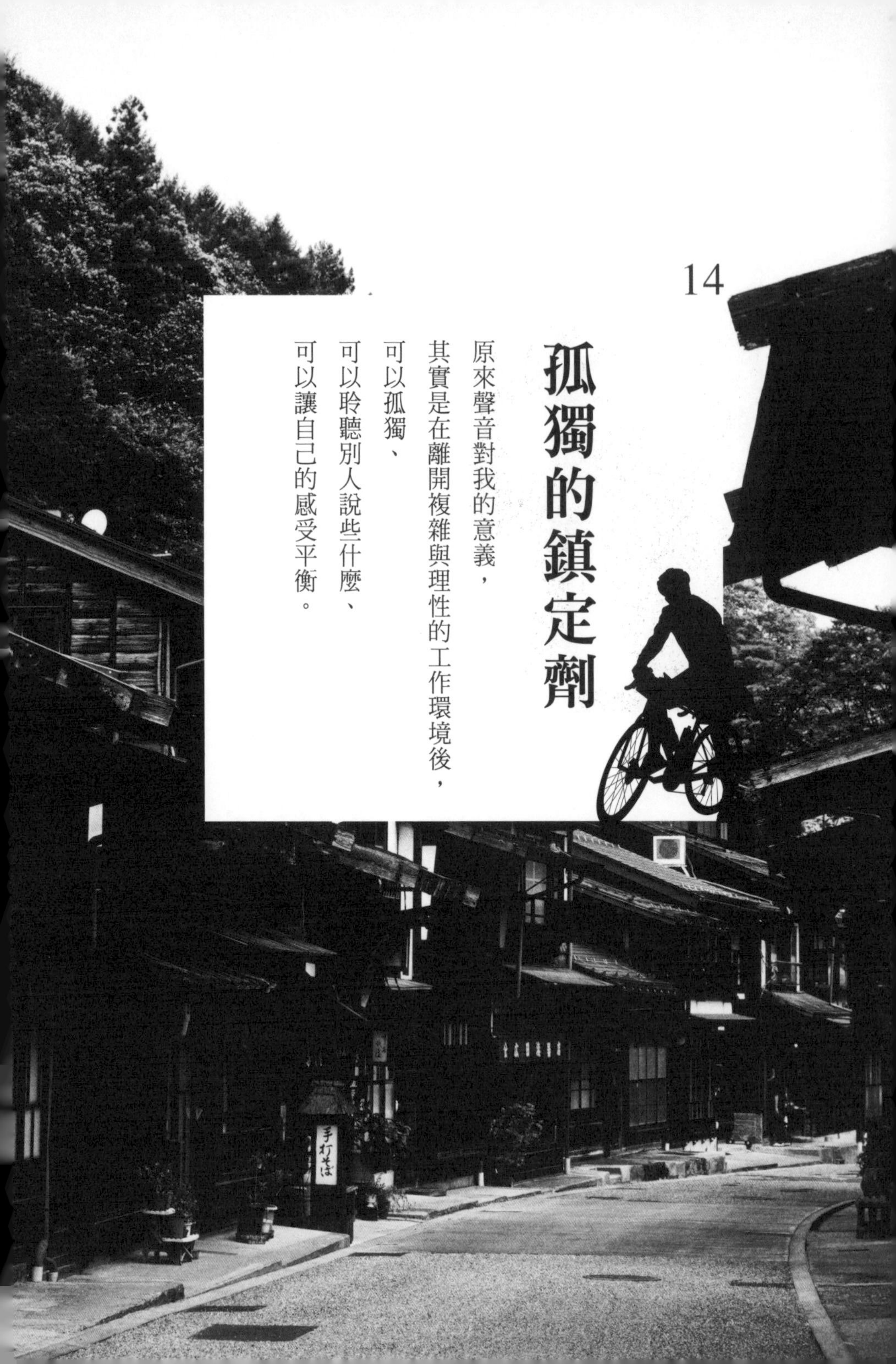

14

孤獨的鎮定劑

原來聲音對我的意義，
其實是在離開複雜與理性的工作環境後，
可以孤獨、
可以聆聽別人說些什麼、
可以讓自己的感受平衡。

一般來說，在練習飛輪運動的時候，教練會播放音樂，學員則會根據音樂的節拍踩踏。飛輪訓練與公路車當然不一樣，在公路車旅行的時候，不一定每個人都會喜歡掛上耳機聽音樂。有些人純粹享受在山野中的蟲鳴鳥叫，也擔心自己沒有注意到路況，包括車後的喇叭聲，因此不會在騎車時聽音樂。但是也有一些人，喜歡在騎車的時候聽音樂或是故事，排解在長期騎車時的疲憊時刻。對於這次的夥伴來說，他們大概是前者，但對我而言，後者是比較好的方式。

因為音樂對我來說，是人生中不可或缺的部分。從台語老歌、流行華語音樂、古典樂，包括鋼琴、小提琴奏鳴曲、歌劇、爵士樂等等，都是我喜歡的音樂範疇。在從事律師工作之前，為了能夠聽到更好的音質，不惜耗費鉅資，把音響設備全面升級，包括真空管擴大機、播放器等等。但是，隨著工作越來越繁忙，再也無法像先前一樣，有這麼多的時間可以聽音樂。

開始練習騎車以後，反而就多了些時間可以聽更多的音樂。即便音質無法像是真空管擴大機放出來的這麼好，但是在漫長的路程上，也可以讓自己有更多的音樂陪伴。

在臺灣練習的時候，主要都是在冷水坑、烏來、巴拉卡公路，距離與時間都不會過長，所以就是流行音樂居多。到了一定的年紀以後，似乎只能聽「那時候」的「流行」音樂。所謂的那時候，大約就是十五歲到三十五歲的階段，超過了那個時間點的歌曲，無論如何，感覺都會有些陌生與抗拒。所謂的流行，現在已經過時，卻是只有我們那個年代才聽得懂的歌曲，例如現在二十歲的年輕人，大概很難理解我們為何要搶張學友演唱會的票。不過，音樂聽久了，也會想要改換頻道，有次轉換到 youtube，聽到有頻道主講鬼故事，竟然覺得很有趣，於是騎車時，背景聲音就轉換成不同的口味，就像是在聽 podcast 一樣。

在youtube的影片裡，有許多有趣的頻道。可能是因為律師工作過於理性與實際，我停留的頻道都比較「特別」。剛開始的時候，是從各種刑事案件分析開始聽，這些未解決的懸案，透過主持人的整理，會變成很有趣。聽出興趣以後，接下來的頻道就越來越獵奇，接近劉寶傑的節目口味。首先是各種神祕事件，例如始終未解的失蹤案；其次是歷史事件，包括中國百家論壇的清代皇帝傳記；接著是外星人、宇宙等等各種不可知的一本正經、胡說八道，最後到了靈異故事。這才發現，講述鬼故事的頻道還真多，許多聽眾對於這些都市傳說竟也深信不疑。

身為律師，也有博士學歷，剛開始對於自己會在

這是留給自己獨處的時間，不需要考慮別人的感受，

就是讓自己認真執著的完成一件事，

即使體力耗盡，但在心靈上卻是愉悅的。

騎車時聽這些有趣的內容，竟然不是研究正經八百的頻道，也覺得不可思議。不過，更有意思的是在騎車的時候，不論是在平路上馳騁，或是在山路上爬坡，即便有隊友一起努力，其實自己都還是一個人。在某段節目裡，我曾經聽過這樣的說法，講者把聲音稱為「孤獨的鎮定劑」。所謂的「孤獨」，並不代表一個人是否單身，而是每個人都應該在心境上留給自己獨處的時間。對於一個在過去十五年間，大多數時間都貢獻在工作上的人來說，半年前開始的公路車運動，就像是開啟了我另一個視野，至少每週一次的長途訓練，不只是體力上的增強，也是給自己一個最好的獨處時間。那些聽過即忘的內容，在騎車時就像是一個不相關的人在耳邊說話，自己還是孤獨的，但是卻像還是有人在陪伴一樣，卻又不會帶給彼此困擾。

這樣的體驗，到了日本以後變得很有趣。就流行音樂來說，沒什麼太多變化，只是增加了日本歌手，例如 Aki Angela、中島美雪、宇多田光等等。在日本

騎車，當然要多聽些日文歌曲。然而，當夜色來臨，我們一行人在荒蕪的小道上行進，路旁沒有燈光，只能用簡單的車燈照明時，我竟然還在聽靈異故事。孟哲說，在黑夜裡走向那些無人的羊腸小徑、漆黑的不知名道路時，他總會有種「後面是不是跟了什麼」的幻覺。但是就我而言，聆聽耳機裡的靈異故事時，那種冷冽的情緒卻可以搭配得剛剛好。就像是那些故事把我從現實中正在黑夜裡迷路的情緒中抽離，接著就會恰到好處的抵達目的地。那些人聲與音樂，在百般無聊的平路馳騁中、氣喘吁吁的山路爬坡裡，讓我可以保持情緒上的孤獨，卻又像是有人在陪伴的錯覺。

這時候，我才發現，原來聲音對我的意義，其實是在離開複雜與理性的工作環境後，可以孤獨、可以聆聽別人說些什麼、可以讓自己的感受平衡。所以，即使是在這次的旅程結束後，我還是持續保持在假日至少保留一天騎公路車的訓練，有部分原因當然是維持運動的習慣。然而，另一個隱藏在自己心裡的想

法，可能就是保留這種感覺。這是留給自己獨處的時間，不需要考慮別人的感受，就是讓自己認真執著的完成一件事，即使體力耗盡，但在心靈上卻是愉悅的。透過音樂、評論，即使當作背景聲音，也可以讓自己在擁有自己空間的時候，仍與這個世界產生連結，這應該是為什麼會堅持騎車聽音樂最大的原因了。

什麼音樂會讓我想起這裡？

夥伴／學立

我不曾思考過「音樂」在這趟旅行中所扮演的角色，當然大部分是因為在前面領騎，隨時要注意周圍和夥伴們的狀況，聽音樂難免分心，加上導航所需，也擔心手機會沒電使然。

從塩尻市到妻籠宿的這段路，是這趟中山道旅行中我最喜歡的路線之一，雖然從地圖看起來是騎進長野縣的群山裡，距離八十五公里爬升高度一〇〇〇公尺左右，用一天來騎並不算太辛苦。從塩尻出發時會先穿過長野聞名的葡萄園，在群山環繞下的一大片平坦的綠意，秋天也是長野葡萄成熟、準備採收的季節，雖然沒有實際走進葡萄園裡，但我也是邊騎邊念著那些轉色後，掛在樹上碩大飽滿的果實。

入山後其實是沿著山谷騎行，兩側大部分都有山影和樹蔭的遮蔽，即使是中午也非常涼爽，在抵達預定休息點的奈良井宿前，我們在木曾平澤宿這個地方先下車休息，這也是老呂沿途吵著要去的「漆器館」所在地。中午在奈良井宿休息完，路線雖然難免有爬坡，但大部分是下坡，而且下坡多是大直線，除了可以一覽山間的景色，騎乘速度也可以很容易維持在三十公里以上，充分享受公路車的速度感，我們三個蠶食鯨吞最後往妻籠宿方向的二十公里。我在抵達路邊「三留野宿」的木牌時下車回個電話，順便等隊友會合，我們比預計抵達時間提早了一個小時，今天不用晚上騎車。我本來還有點擔心，看著眼前就這一條路直通目的地，估計也用不上導航了，和客戶講完電話，索性打開手機想放點音樂來聽，是這趟旅程的第一次，好像也是唯一一次。

手機音樂撥放程式裡，建立有一個我常聽的歌單，可能和很多音樂講究者不一樣的是，我沒有因應不同聆聽場合而建立歌單，或是按照不同的音樂風格分門別類，雖然偶爾也會聽 podcast 或是讓程式隨機撥放，但要說親自手動挑選的、逐一加入累積而成的，只有這一個歌單，而且這個歌單很懶惰地取名為「〇〇一」，從開車、通勤或運動就只有這個，我的「〇〇一」歌單。

截自目前為止，「〇〇一」歌單裡有大約二十多首音樂，而且組成屬性相當雜亂無章，有恐會暴露年紀的華語流行金曲、歌劇的序曲、經典的搖滾音樂、爵士，如果依照目前的順序撥放，演唱者是楊丞琳〈匿名的好友〉、帕華洛帝〈Rigoletto: La donna è mobile〉、AC/DC〈Shoot to Thrill〉接著是 Nat King Cole〈L-O-V-E〉，是極有可能會讓音樂品味人士吐槽的排列，但我自己很喜歡這個歌單；例如在爬坡筋疲力盡的時候，剛好聽到節奏強烈的搖滾歌曲，固然很應景，但在這個時候如果來上一首慢歌，或是讓人放鬆心情的旋律，可以整理一下思緒、調整呼吸，也是很美妙的事情，就像我某個客戶印在它們公司 LOGO 上的標語「Move by music !」

當天在「三留野宿」的木牌旁，隨機播放〇〇一歌單，耳機裡傳來的是 Sidney Bechet 演奏薩克斯風的聲音〈Si Tu Vois Ma Mere〉也是電影《午夜巴黎》的片頭曲，當時雖然是黃昏時分，但沉浸在這段旋律裡，好像閉著眼睛就瞬間回到那無數次晚上在巴黎街頭散步的記憶。旁邊潺潺流動的木曾川上出現亞歷山大三世（Pont Alexandre III）橋邊金光燦爛的燈飾，山風吹來塞納河畔的葉子，這就是音樂的魅力，只要幾段

這就是音樂的魅力，

只要幾段旋律就可以帶你回到過去，

那些好像已經被遺忘、瑣碎但美好事物，

又因此鮮明動人了起來。

旋律就可以帶你回到過去，那些好像已經被遺忘、瑣碎但美好事物，又因此而鮮明動人了起來。

「下次聽見什麼音樂，我會想起這裡呢？」

會不會在巴黎午夜散步的時候，想起木曾川的黃昏？腦中響起老呂前幾天推薦我們聽的日本演歌，中村美律子的〈旅姿三人男〉，看來必須要把這首歌加進我的〇〇一歌單裡才行。

從塩尻市到妻籠宿的這段路，是這趟中山道旅行中我最喜歡的路線之一。

15

最珍貴的紀念

因為喜歡這些紀念品，
我一口氣就把所有的家紋小碟子
都買了下來，然而，冷靜下來以後，
才發現自己不是搭遊覽車，
而是公路車，這下要怎麼辦？

孟哲是個浪漫且有趣的人，這種浪漫，體現在他的業餘興趣很多，例如攝影就是他的最愛。

他曾經為了幫同事拍攝婚紗照，竟然自費陪伴他們到冰島，只為了拍出瑰麗的作品。過去我們還是同事時，一起去員工旅遊，別人是用手機拍照，但他會使用最好的攝影器材為同事們留影，他還可以調色差，把照片編輯成黑白、懷舊系列，對於攝影，他有非常執著的一面。

說到執著這件事，在平日練習時，往冷水坑的半山腰橋邊有一家路邊攤，就單賣麻油雞，許多騎士或登山客都會在那裡停留補充能量，特別是在天氣冷的時候，簡直一位難求。有次跟孟哲一起練習爬坡，我們就在那裡休息，我把安全帽就放在橋上，然而一不小心，安全帽就這麼掉到橋下，雖然河水並不湍急，但是這頂安全帽，就夾在石縫中。望著垂直至少二十公尺，而且沒有任何階梯往下的河水，心想只能就這麼算了，再買一頂就好。然而孟哲卻覺得可以撿起來，於是我們兩個人就這麼攀著石壁，緩慢的探路，最後還是把安全帽撿了上來。由這件事就可以知道，對於他想做的事情，肯定不會半途而廢。

因此，在這次旅程前，他就已經預設好要如何拍攝我們在行程中的一切。在平常練習時，他會要求我們速度放慢，讓他「埋伏」在某個他已經看好的地點，等我們經過時，捕捉瞬間一刻。

根據我的觀察，在攝影技巧上，他確實無話可說。如果要單獨對公路車拍照，他會蹲下來與車同高，這樣才能拍出車子最好的細節。他會注意光線來源，光線會製造出明亮的色彩，臉部陰影也不會太過生硬，膚色也會比較自然。三角構圖會讓我們的圖面看起來穩定很多，仰角可以讓我們看起來比較修長，氣場上也會很強大。他會先找到乾淨的背景，讓整體構圖單純，做出相對好看的淺景。

夥伴／孟哲

在整理照片時，我發現我把老闆跟學立都拍得蠻帥的，
只是還有很多場景沒有捕捉到，很多畫面可以捕捉的更好，
這些不完美我就留給下次的旅程填補。

這些都需要耐性，不過，日常生活中，我應該欠缺這方面的性格。有趣的是，他不喜歡擺拍，而是喜歡捕捉我們不經意的動作，這讓我們在後來檢視照片時，發現許多驚喜。

這些旅程中的照片，當然都是一種往後的紀念。不過，他與學立一樣不喜歡買紀念品。日本各地都有所謂的「お土產」（おみやげ Omiyage），從東京到京都，當地特色的紀念品當然也很多。不過，基於行李負重限制，攜帶隨身物品都已經要極簡化，怎麼可能購買紀念品。但是，基於這樣的旅程或許不會有第二次，也就是所謂的「一期一會」，經過某些特殊景點，就算行李負重已經超標，也要帶回臺灣。例如武田神社裡祭祀的武田信玄，是戰國時代的「甲斐之虎」，為了讓同事們在訴訟上戰無不勝，一口氣就買了十幾個御守。一個御守體積不大，但是十幾個御守，就讓我手忙腳亂，努力塞進背包裡，順利帶回臺灣。

如果說御守的體積還好，接下來在岐阜城買的紀念品就更麻煩。

我們曾經想要以騎車的方式登上岐阜城，但是想到還要攀登三二〇公尺，我們還是決定把公路車的車輪拆下，把車子停在隱密的地方防止失竊，然後搭乘金華山的纜車上去。要登上岐阜城的遊客眾多，在等待纜車的時候，我們先在紀念品店等待，這時候，印製家紋的小碟子吸引住我的目光。

在日本戰國時代的各國大名都有家紋，岐阜城曾經被齋藤家、織田家統治過，加上戰國迷很喜歡的武田家、真田家、德川家、豐臣家，腦筋動得快的商家就在岐阜城的紀念品店販售這些高人氣的家紋商品。因為喜歡這些紀念品，我一口氣就把所有的家紋小碟子都買了下來，然而，冷靜下來以後，才發現自己不是搭遊覽車，而是公路車，這下要怎麼辦？學立與孟哲只能苦笑，騰出他們的空間，幫我把這些紀念品安全的送到飯店。

然而，即便我已經盡力克制，到了關原古戰場*紀念館時，我還是忍不住繼續搶購紀念品的行程。雖然時間已經接近關館的時間，但禮品店內還是很多人。真田的家紋六文錢，也是我們這次車衣的主題，因此看到真田家的狗布偶，還繡上了真田家的家紋，簡直愛不釋手。顧不上已經滿載的行李袋，我買了三隻。

跟以往不同，這次沒辦法帶走太多的紀念品，但是孟哲的照片，卻讓我們擁有最珍貴的紀念。以往的旅行，都會想要藉由沿路上的紀念品，提醒自己些什麼，或者至少能讓自己看到這些紀念品時，想到當時的記憶。沿途中，這些實質的紀念品雖然有趣，但已經不是主要的記憶點；那些照片，即便只是存在記憶卡裡，在翻閱的時候，卻不斷的讓我回想起當時的旅程究竟有多有趣。在這次旅程中，最重要的東西確實不是紀念品，也不是照片，其實是留存在腦海裡的回憶，那些與同伴同甘共苦的珍貴回憶。

＊註：關原之戰，是日本戰國時代的重要終結戰爭，真田幸村雖然還沒參與，但是在此戰後，豐臣家開始式微，最後德川家就以大阪冬之陣、夏之陣，結束豐臣家的統治。在大阪夏之陣時，真田幸村攻入德川家康的本陣，差點成功突擊主將。

黑貓帶來的好運

夥伴／學立

從相模市騎往河口湖的路上一個叫作田野倉的地方，路過一間迴轉壽司店叫作「小僧壽司」，我在這裡買了這趟旅程的第一個紀念品。

當天經過一個早上的騎乘，我們都餓了，這一段的中山道沿線，沒有比較熱鬧的市鎮或商業聚落，承繼了數百年前運輸貨物的單純目的使然，田野倉這個地區除了這間迴轉壽司，還有幾間連鎖丼飯和拉麵店，以及一間很大的超市賣場，毫無疑問是一個騎車補給休息的完美地點，老呂飯後還在這裡買了一大袋牛奶吐司（塞在車衣後口袋當口糧），我和老劉買了眼藥水和護唇膏。

迴轉壽司店吃完飯要結帳時，我發現了一個繫著金色鈴鐺的黑貓絨毛玩偶，倒三角眼的厭世表情相當可愛，和其他意義不明的紀念品，一塊兒擺在結帳櫃檯旁邊的竹籃裡。想起在臺灣的同事初為人父，而黑貓聽說能帶來好運，當下就在櫃檯結帳買下牠，並決定把它掛在行李袋上。心中想著如果真能一路平安到京都，我就把這個黑貓送給這位同事，沒有什麼比親身驗證過的幸運物，更好的祝福。這就是我，總在奇怪的地點，買奇怪的東西，懷著奇怪的念頭；老劉沒有覺得什麼特別，倒是老呂後來發現我車上總掛著這個黑貓吊飾，一直懷疑我是為了裝可愛，買回去討好女朋友用的。

這個黑貓吊飾，就一路陪著我，每天結束騎乘時我會把牠取下，連著行李袋一起拿進旅館房間整理。因為掛在行李袋上，騎乘時如果下雨，牠會被噴濺上一身輪胎捲起的泥水，我會用吹風機把牠吹乾，順便擦去塵土沙礫；如果絨毛因為潮濕打結，還必須用飯店附的扁梳梳開。而隔天早上再慎重地，像檢視安裝車上的所有配件一般，把牠扣在行李袋後面的彈性綁繩上，垂吊在後車燈的下方，這是我每天出發前的儀式。

也不知道是否黑貓帶來好運，我們真的一路平安抵達京都，依照計畫，我把這個沾染中山道上好運氣的黑貓玩偶，送給同事，並寫了一封信稍加說明黑貓吊飾的身世，徵詢過他的同意，以下是我寫給他的信：

「我還去查了一下路線，這是我旅程第二天十月三日在田野倉，一個叫做小僧壽司店的櫃檯前買到的，我覺得很有眼緣，還請劉律師幫我去櫃檯問多少錢（因為我要去上廁所），那時候我們剛完成第一天的行程，剩下七天我們完全不知道等待我們的有什麼；每天我都會把這隻黑貓掛在我車後的旅行袋上，就這樣，牠一直陪我到京都。

這可能是這趟旅行我認為最珍貴的禮物，當然不是指價格（我在關西機場的 CHANEL 買了副耳環）；黑貓在日本傳統上被認為會帶來好運，我相信是，因為這一趟我們面對深山暴雨、輪胎插到釘子、幾乎失溫的等等危險，但都安然度過。如果是這隻黑貓給我帶來的好運氣，我希望把這份好運送給你、你的太太和你即將出生的小孩。

當然，建議還是先洗一洗晾乾再使用，牠身上有日本富士山下的雨水，和各個我經過不同鄉鎮（包括但不限於墳墓）、山林裡的空氣、大卡車揚起的灰塵，這是我旅程中最真實的一部分，希望這個禮物你會喜歡。」

沒有什麼比親身驗證過的幸運物，更好的祝福。

這就是我，總在奇怪的地點，

買奇怪的東西，懷著奇怪的念頭。

16

墓仔埔也敢去？

其實，我們並不害怕生死，
然而，經常往那樣的區域走，
免不了還是會迷信的想，導航有沒有
什麼「暗示」（sign）要告訴我們？

從接觸公路車開始，學立就告訴我，Google map 與 Garmin GPS 自行車錶這兩項軟體或裝備，對於騎車很重要。Google map 在騎車之前，就很常使用。

剛開始在國內使用時，偶爾會覺得莫名其妙的繞路，或者是指引沒必要的路線，但都還在可容忍的範圍內。然而騎車以後，問題就越來越嚴重。例如大臺北地區的熱門騎車路線裡，有巴拉卡公路，但是第一次自己挑戰巴拉卡公路時，導航竟然帶我到雜草叢生、只能走路進去的路線，而且前方竟然還是看起來已經年久失修的隧道。從此之後，Google map 雖然有腳踏車的行車路線指引，但是就不敢用了，而是改用機車路線。至少機車路線不會被帶上國道或快速道路，但也不會被帶去無人知曉的羊腸小徑。

附帶有 GPS 的自行車錶的功能強大，除了可以計算時速、里程數之外，也有導航功能。這兩項軟體或裝備，對於騎車來說，其實相當重要。

這次的旅程，是由學立領航，因此原則上就是由他決定要使用什麼樣的軟體。在國內，他習慣用 Garmin 導航，並不會使用 Google map。然而因為他在臺灣購買 Garmin，地圖功能並沒有日本授權，不能使用日本地圖，因此他只能使用 Google map 導航。原則上來說，即使有前面的缺點，大致上也還堪用。對於不熟悉的路線，導航是最重要的。沒有導航，總不能只看路標前進，於是我們冒著繞路與迷路的「風險」，開始使用電子地圖往前進。

在東京與城市近郊原則上都是順利的，然而隨著進入山梨縣，地圖的顯示越來越「荒謬」。所謂的荒謬，有時候是繞路，導航會要我們從某條小路彎進去，走了一段路後，再轉彎出來回到原來的路線，但是我們怎麼看都沒必要，只是當下沒時間判斷，就這麼跟著彎進去以後再出來，然後覺得莫名其妙。第二種情況也很麻煩，就是爬階梯，導航會導引我們往某條橋、某條小路，但是竟然必須要爬若干臺階，這個若干，不是三、五階，可能就是很長的陡梯，還好我們的公路車都很輕盈，抬上抬下還不至於是問題，但總會疑惑，到底導航要帶我們去哪？

在這幾天騎車的過程中，最疑惑的就是導航到底要帶我們去哪。例如抵達塩尻那天，之所以只走了四十公里，就是為了讓我可以提早找到牙醫看病。事實上，我們挑選那間飯店，就是因為離牙醫診所很近。在進駐飯店後，我看了Google map，以步行的方式，診所離飯店走路大約就是十分鐘內。我們到達飯店是下午四點半，診所五點半關門，應該有機會看到醫生。然而，只有十分鐘的路程，我竟然走了四十分鐘，就像是鬼打牆一樣，導航一下子請我往左，立刻又要我往右，方向永遠不對。學

隨遇而安的迷路，額外有種趣味。

因為跟著導航，所以意外的看到了什麼，

往往是旅行時最有趣的一部分。

立關心我，打電話問我人在哪，我只能無奈的跟他說，我還在找診所。診所休息時間已到，但是導航卻還在繞圈圈，他跟孟哲只好騎車來找我，最後牙醫還是沒看成。在長達一小時，卻顯示只需要十分鐘的導航裡，到底要帶我去哪裡？其實我現在還是不知道。

墳墓，則是我們這次騎旅的共同回憶了。這套導航，會帶我們到各種荒蕪的道路，已經不稀奇。美其名是說，羊腸小徑才能縮短距離，但我們這群使用者經常會想，是不是導航系統偏好穿越墳墓。學立經常要停下來，跟我們確認「敢不敢」從這條路前進。如果是夜晚也就算了，我們都是挑有路燈的，只要還有路燈，我們就會跟隨隊長的腳步，絕不抱怨。然而，天色明亮時問我們，我們就會很為難，因為就在不遠處，肉眼可見就是路旁的墳墓。其實，我們並不害怕生死，對於代表死亡的墳墓，原本應該也不會有特別感覺。然而，經常往那樣的區域走，免不了還是會迷信的想，導航有沒有什麼「暗示」（sign）要告訴我們？

當然，我們一路還是平安回來，無論如何要感謝這套經常出錯的 Google map 導航系統。然而，如同學立所說，如果可以，還是希望 Garmin 公司能盡快統合地圖，否則對於海外騎士很不方便。有趣的是，安全回來以後，當我回想這件事，其實我並沒有很在意迷路這件事，反而是想到迷路時有趣的一切。除了看牙醫時，因為迷路而無法趕到診所，還是會有點生氣。其餘時候，隨遇而安的迷路，額外有種趣味。

因為跟著導航，所以意外的看到了什麼，往往是旅行時最有趣的一部分。從這個角度來看，如果沒有要趕路，Google map 還真是製造額外旅行樂趣的一款好工具呢！

一條最快的路

夥伴／學立

在還沒有抵達東京開始騎車前，我們三個應該各自對於日本的公路狀況，懷抱著一些想像，整齊的標線、平坦的路面、友善的駕駛和充滿朝氣彼此問好的行人們。

實際騎了幾天公路車後，發現大致是如此沒錯，不過在抵達京都前，仍然有部分道路的狀況可能因經常使用，維護狀況比起市區道路差距甚多——路面坑洞、段差、路肩因為年久失修而叢生雜草、龜裂碎石也不算少見。另外是這次的路線，有很大一部分，是各地貨車主要的運輸路線，有些貨車司機會在黑暗的隧道裡為我們開啟車燈，並在右後側保持一定距離，直到陪著我們出隧道口。當然其中也不乏無視我們，直接從旁呼嘯而過的，不過這一些都絲毫不減整路上騎乘的樂趣。有些樂趣也不見得完全來自於騎乘本身，而是因為騎公路車的速度比較慢，更有機會發現一些微小但可愛的人事物，例如有時我們會在住宅區或是名勝景點，遇見出門上學或團體出遊旅行的小朋友，不論是一兩個人還是成群結隊，總是穿戴整齊地向經過旁邊的我們點頭說「おはよう（早安）」，相當有趣，入境隨俗，我們也會用蹩腳的日文點頭回應。

在中山道上騎行時，常常可以發現在騎完較寬敞的主要道路後，會出現一段往右的小叉路，大概是那種汽車會車要禮讓通過的寬度，地圖顯示標記為「舊中山道」。

有別於一般中山道上已經現代化的街景和建築，選擇走進舊中山道常有讓人與塵世間隔絕的錯覺，除了有幾個至今仍然完整保留樣貌的宿站（例如奈良井宿、妻籠宿、馬龍宿），道路兩側的建築、招牌文字、神社以及石碑，都保有古風，而且通行的車輛甚少，即使是大白天也非常靜謐。隨著街景的轉瞬變換，腳下騎著配有電子變速器的公路車，彷彿也變成帶鞍的馬兒，嗶啦叫的棘輪在石板路踏出噠噠的馬蹄聲，大夥兒的速度也常自然而然就慢了下來，以便於好好欣賞這難得的古樸景色。

不過到了晚上，舊中山道裡的燈光（有時候是燈籠），通常只有寥寥數盞，有時候甚至根本是一片漆黑，我們三人的踩踏速度也只能在車燈光線所及的視線範圍內做調整，道路突然的拐彎、減縮常會引起我們一陣驚呼，比起第一晚在銀座街頭的熱鬧街景，實在很難想像僅是晚上五、六點多，方圓周圍的居民和商家就早早熄燈打烊了，還有那些在舊道裡保留的引水溝渠，較大的水渠上還留有石造的拱橋，兩側垂柳，雖美則美矣，但在燈光昏暗且不甚筆直的舊街道，讓我們幾次差點一股腦兒騎進溝渠裡。

或許有時候，該提醒自己不要急去抄最短路徑，

因為連夜趕路和走馬看花的人生終點是一樣的。

騎了幾天逐漸熟悉後，我是這樣理解主幹道與舊中山道在地圖上所顯示的關係，類似臺灣鄉鎮道路內、外環道，內環道會直接切進聚落裡發展最早的區域，兩側有很多的商家和住宅，或是供村民集會參拜的神社。

為了便利民生使用，路線通常是沿著溪河畔或鐵路沿線開拓，也因此，道路隨著地形起伏上上下下實屬常見，所以有時走在河床上，拐個彎後又穿過河流開始爬坡。外環道路則會選擇沿著聚落的外圍開拓，繞過山坡及聚落的中心，交通號誌也較少，道路寬敞且平坦。於是乎，在這樣的道路設計邏輯下，用Google map導航，選擇用步行的交通方式規劃路徑，最短路徑通常就一定會走進舊中山道裡。所以我們常常是騎完一段主要道

夥伴／孟哲

現在想想學立真的是從第一天誆我們到最後一天，
就連最後一天要從琵琶湖進京都，好好的平路不走，
他都要在最後一段路帶我們走 16% 的山路，
好啦，我知道那是 Google map 的問題，不過真的多虧了他，
才能讓我們順利完成這趟旅程。

路，導航會突然指引我們往右轉進小路，騎上一段古道，才再繞回主要道路。這樣的騎法其實沒有什麼不好，有時候看膩了街景一陳不變的主要道路，切進舊中山道裡換換口味，爬爬小緩坡、看看那些彷彿被被時間遺忘在舊中山道裡的石碑、神社、老屋也很有意思。

不過，這樣的導航路線，也常常讓我們必須騎過一個又一個的墓園。在我的觀察中，這些墓園大多座落在鄉鎮聚落的外圍、新舊中山道的交界處，所以，不是在我們轉進舊中山道時，存在感強烈地突然出現在兩側，就是在我們即將騎完某段舊道時，在盡頭處插滿密密麻麻的灰色墓碑，像是一群人遙遙地迎接我們。但凡是騎進那些依山傍水的傳統聚落，這種驚悚的經驗屢試不爽，一定會經過大片墳場，也不知道日本是不是和我們一樣，有風水上的考量。

不管路是從墓園開始，還是以墓園作結，常讓我們有一直往墳墓走的錯覺。

記得快到岐阜車站前的某一段鄉村道路，此時太陽已下山，溫度驟降又光線昏暗，所行之處兩側都是平坦但幽暗的水田，小路沒有路燈，三人小心翼翼地避免跌落田裡。總算到了盡頭，導航路線卻又再次要我們避開幾百公尺外、那條燈火明亮的主要道路，我們又再騎進另一條陰森森的蜿蜒小徑。

果不其然，我們必須從一大片墓園裡穿行而過，一路無話，深怕打擾哪位好兄弟，只有公路車棘輪聲嘩啦嘩啦地響著，從側面吹來的風，吹過錯落成群的墓碑，濕涼的空氣中帶著緊張氣息，這塊墓園開始在黑暗中延伸。行進時，車燈蒼白無力的燈光，就像用三十五釐米膠捲拍攝的恐怖電影，每一個畫面都有鬼影，我也只能頭皮發麻地和其他兩位隊友說：「沒辦法，導航說這條路是最快的一條路了。」

「但為什麼，行經墳墓的路，常常是通往目的地的最快道路呢？」每次經過墳墓，我都不禁想起這個問題。而且不只是在日本旅行時有這樣的經驗，在臺灣及幾個歐美國家開車也經常是如此，導航按下最短路徑，即意味著那是一條必然會經過墳墓的道路。

換個角度想，原來人與人之間，交通聯絡的最短路徑，居然是由數個大小不同、坐落各地的墓園串起，就像是喜歌劇的戲謔，反映我們每一天都在邁向死亡的真實。或許有時候，該提醒自己不要急去抄最短路徑，因為連夜趕路和走馬看花的人生終點是一樣的。想起古人墓園選址居然有這些巧合和寓意，還真是用心良苦。

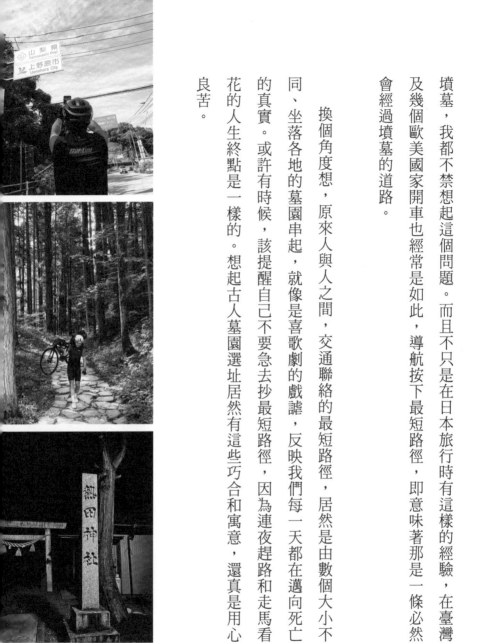

17

計畫永遠趕不上變化

意外不一定不好，

因為只是在意料之外，但是意料之外，

更多的時候有可能是驚喜。

話說，這次的行程，原本就是一次意外，但是我讓它變成了一場計畫。但是，這個計畫其實也有曲折的過程。

當時的想法，就是要騎車從東京到京都，路線則是依循江戶時代的中山道。這條道路在德川幕府時期，是江戶到京都的交通要道，包括戰國時期的武藏國、上野國、信濃國、美濃國、近江國、山城國等，共有六十九個宿場，從東京的日本橋開始，進入武州路、上州路、信濃路、木曾路、美濃路、近江路，最後在京都的三條大橋結束。依循這個路線，會有一些有趣的景點，例如輕井澤宿、奈良井宿、妻籠宿、馬籠宿、關原宿等等。如果以現代的縣市描述，會經過東京都、埼玉縣、群馬縣、長野縣、岐阜縣、滋賀縣與京都，全長約為五百三十四公里。

所謂的「宿場」（しゅくば）就是古代的驛站。因為過去交通不方便，因此幅員較大的國家就會由官方設立休息站，供官方信使休息過夜。以宿場為中心發展出來的街道，就會稱之為「宿場町」。在德川家康創設江戶幕府之後，為了維繫地方諸侯與幕府之間的關係，並且加強對地方的支配，開始整備原本斷續的各國街道。德川幕府又規定各地諸侯得要定期到江戶晉見將軍，並於江戶駐紮一定期間，稱為「參勤交代」，也必須要有完善的交通系統，從二代將軍德川秀忠開始，就有「江戶五街道」，包括東海道、中山道、日光街道、奧州街道、甲州街道，直到明治時代以後，因為鐵路運輸開始興起，宿場才逐漸沒落，中山道也不再是所謂的官道。

然而，也就是因為如此，原本想要完整走過的六十九個宿場，就變得不切實際，因為許多宿場早已變成商店街入口，或是高速公路入口，只留下一個簡單的碑文，沒沒無名的證明這裡曾經繁華過。目前保存最好的宿場，大概只有在木曾路上的奈良井宿、妻籠宿、馬籠宿，其餘大多淹沒在荒煙蔓草中。因此，我們開始改變計畫，決定只以中山道為主體，但並不是機械式的走完這些宿場，以「到

這次的冒險裡，對我最大的影響，

應該是開始去嘗試各種的自以為不可能。

此一遊」的方式拍照留念。

我們三個人討論了路線，找了自己喜歡，或是一定要去的景點。學立想去富士河口湖看富士山，孟哲想去諏訪湖看「系守町」，我則是想去全世界最古老的飯店——西山慶雲館。

這時候，我們只能捨棄中山道前端的武州路，從上州路轉進信濃路、木曾路。然而，西山慶雲館最終還是被其他兩人否決，主要的原因當然是偏離路線太遠，且爬坡太陡，也是他們兩個人考慮的重點，畢竟以我這樣的新手來說，有可能沒辦法上山。路線確定了，那麼飯店呢？除了預定第一間跟最後一間，以及富士河口湖的

飯店，其餘的飯店，決定看路線當天預約，因為當時中國與日本正值排放廢水的爭議，因此中國觀光客不多，而且我們去的地方都不是有名景點，想說應該不至於會被飯店排拒於門外。

不過，事情並不是這麼簡單的，因為公路車旅行，肯定會有旅程以外的驚喜與變化。路線上的調整，其實並不是太大的問題，在臺灣購買的 Garmin 車表，路線圖並不能在日本使用，因此我們必須得使用 Google map 作為前進的依據。然而，這個地圖有一個致命的缺點，就是經常性的引導我們去走杳無人跡的小路，甚至是墓園。因此，當我們發現根本這條路線不可行的時候，不論是太暗，或是太危險，都必須得要繞道重新規劃。這種路線上的小調整，並不是困難的問題。在這場旅程裡，許多意外與驚喜持續發生……

剛到東京，孟哲的車子重組就出了問題，差點就得要打道回府。他與學立跑了好幾家店，才在臺灣店員的協助下，順利回復正常。原本答應我們可以幫忙郵寄車箱的飯店人員臨時反悔，我們在繁忙的東京街頭，找了很久才有人願意協助我們將車箱寄到京都。我的牙痛，從第一天持續到最後一天，止痛藥也從開始吃到結束，牙齒也從右邊痛到左邊。沒預定飯店，所以在徬徨的大雨中，我們根本不知道要往哪個方向走。原本以為會開張的飯店，到了傍晚無路可去的時候，才發現歇業已久，只能移轉到另一個我們畢生都不會去的山區背包旅社。甚至到了京都外圍，我們都差點意外的走上高速公路。我們不斷的遇到新問題，也持續的把這些問題一一解決。

然而，在旅行中，卻也有更多的驚喜等待我們去發掘。例如，在那間潮濕、簡陋的背包旅社附近，我們騎車找到了另一間出乎意料美味的義大利餐廳，跟可愛的老闆比手畫腳，點了最好吃的相模湖美食；在往琵琶湖的路上，學立突然停了下來，我們發現迎風搖曳的風箏，三個人怔怔地看著風箏飄揚，大發議論，拿

風箏跟人生一起比喻。在富士河口湖，遇見了臺灣同鄉，她移民到日本後，就在山梨縣的富士河口湖町開設民宿，現在已經是當地富有盛名的僑領，還告訴我們富士河口湖淺間神社可以透過鳥居看到富士山。甚至是在往岐阜縣時，學立突然決定進去的松茸與和牛餐廳，竟然意外的好吃，讓這趟旅程，名副其實的是一場意外與驚喜之旅。

本來旅程中就會有許多意料之外的事情發生，但是在這次的冒險裡，對我最大的影響，應該是開始去嘗試各種的自以為不可能。意外不一定不好，因為只是在意料之外，但是意料之外，更多的時候有可能是驚喜。或許，這就是我會在中年以後，喜歡公路車冒險的最大原因吧！

勇於接受突發狀況

夥伴／學立

某天下班前，我和老劉兩個人在辦公室，對著電腦螢幕努力在Google map的網路頁面上，排列這次旅途中的每一個停靠點：「日本橋、上野原、河口湖、下諏訪宿、奈良井宿、妻籠馬籠宿、河渡宿、三條大橋。」螢幕上，顯示為停靠點的數個空心圓圈，像是我們兩人因為困惑而失焦的瞳孔，實在是不知道哪裡是哪裡，陌生的地名、沒看過的小鎮、鄰近只能勉強讀出漢字的JR車站。

「這樣看起來還可以吧？最後一晚還可以幫老呂過生日。」我問他，但他也不置口否，畢竟我們都沒有走過那條路線，只能儘量讓每個停靠點間的距離「看起來」差不多，對，就只是看起來。

雖然這樣說 Google 公司的天才工程師們可能會不服氣，但用 Google map 規劃日本的旅行路線，部分路段沒辦法以自行車的方式規劃路線，顯示有自行車路線的規劃，無法顯示爬升高度，當然也沒有預計路線的天氣預測，即使每天前進的距離都差不多，但可能某些路段需要翻越好幾個山頭，或是一整天都在滂沱大雨中奮戰，也未可知。

當然，想盡辦法在 Google map 上規劃好的路線，我們最後沒有完全跟著走，而那些沒辦法在 Google map 上計畫的事，我們也都遇上了，俗稱意外。

面對意外，其實關鍵在於心態。

如果你預想的是整段旅程每天都是晴朗好天氣，那麼突然下大雨就是意外；

反過來說，如果以為今天一整天都要爬坡，卻突然發現都是下坡，這也是一種意外。所以發生意外時，不必要特別沮喪，也無須特別高興，當你勇於接受任何突發狀況，也就沒有任何所謂的意外了，有的都是旅行中的故事（不是事故）。

這趟旅行之中最有意思的意外，莫過於老呂牙齒痛這件事。他離開東京的第一天就開始喊牙齒痛了，所以沿路只要有遇到藥妝店或是齒科病院，我們就會停下來，他也因此吃遍了非常高濃度的各類日本止痛成藥，我們也見識了日本從東京到京都，中山道沿線上，各種不同風格的牙醫診所，相當另類的體驗。

頭幾天的騎乘，我常常會擔心老呂，雖然在出發前，我們在臺灣練習了騎過很多不同的爬坡路線，他自己甚至買了臺飛輪機，每天在家線上飛輪課。但畢竟他才剛騎車不到半年，多憑一股沒有節制的狠勁在騎，擔心他連續騎乘的疲勞沒辦法恢復、體能下降或因此肌肉受傷；不過他倒是每天早上，都神采奕奕地準時

夥伴／孟哲

當天才剛出發，根本不累，但老闆騎得很慢，不知道牙痛還是怎樣，
我正在想要怎麼逼他騎快一點，剛好阿嬤騎著電動車，緩緩地超過我跟老闆，
我逮到機會說：「老闆，連阿嬤都騎得都比你快……」

當你勇於接受任何突發狀況，也就沒有任何所謂的意外了，有的都是旅行中的故事（不是事故）。

在門口集合，以他自己的說法是「我頭好壯壯」，這讓我跟老劉大感意外。尤其從諏訪湖到塩尻市這一段路，經歷前一天長達一百二十多公里，近一五〇〇公尺的爬坡，我們兩個「稍微」年輕的人，身體已經逐漸感受多日累積下的疲勞感，老呂居然看起來雲淡風輕、毫無影響，莫非是他天生神力，練武奇才？

沒錯，就是止痛藥，他每天都吃很多止痛藥，本意是為了抑制日趨嚴重的牙痛，但治標不治本，某日他痛到半邊臉頰都腫了起來，人生地不熟，沿路又沒有牙醫診所（有時候是找到診所但沒有醫生），只能求助在臺灣的牙醫朋友，依照指示，我們比手畫腳和藥師溝通，買了幾盒看起來很厲害的發炎型止痛藥，藥盒上寫滿了各種強力止痛相關的漢字。發炎型止痛藥，恰巧也是一些長距離騎乘者，騎乘完肌肉痠痛不適時會服用的藥物，拜牙齒痛所賜，老呂意外因禍得福，無痛（？）騎完全程。

不過既然提到塩尻市，就不得不說說停留在塩尻的這一晚，也是意外所致。

依照計畫，當天的行程應該是從諏訪湖畔往群山裡走，在舊中山道路上一個仍然保有古風的「奈良井宿」過夜，不過我們三個當天貪玩，上午在諏訪湖畔盤桓到中午。用完午餐，我們開始往奈良井宿出發，隨著一路爬坡，諏訪湖沿岸地區的風光盡收眼底，但老呂嚷著牙痛，只希望儘快到下一個城鎮找到牙醫處理，爬坡速度不快，前往奈良井宿估計還有近六十公里的路程，中間還要停留看牙醫，恐怕抵達時已是晚上，秋末的日本，下午五點天黑，依照奈良井宿幾間日式傳統旅館的規矩，我們恐怕是來不及入住了。

沿著20號公路，我們三個在爬上塩尻峠（しおじりとうげ）時，當機立斷決定提早收工，在山腳下松本盆地裡的「塩尻市」住一晚。

抵達旅館時，當天只騎了三十多公里，爬坡不到五〇〇公尺，是我們這一趟里程最少、最輕鬆的一天。當天晚上，我們換洗完便騎著車，到塩尻車站附近的居酒屋大吃大喝，除了當地有名的鄉土料理「山賊燒」，還有吃了很多店內的特色料理，搭配當地釀造的酒飲，飽餐一頓。我們帶著酒意牽車走回旅館，車站附近的店家也多打烊了，涼爽的夜裡，散起步來相當舒適，老呂說他好像喝醉了，平日滴酒不沾的他，看起來很開心，不怕我和老劉取笑他。想起李白在某個喝醉時刻寫出的千古名句：「浮生若夢，為歡幾何？古人秉燭夜遊，良有以也。」

我們笑著打開車燈，秉車燈夜遊，一邊打打鬧鬧走回旅館。

18

我們需要的不只是勇氣，還有運氣

止痛藥意外的在這裡發揮效用，讓我在騎車的時候，可以暫時不至於這麼疼痛。這種意外的「收穫」，也只能當作牙痛的附帶好處了。

這趟旅程，與其說是完整的規劃，倒不如說是一趟隨遇而安的過程。我們的路線只有大概的方向、可能的景點、固定的天數。但是，除了機票的往返時間是確定的，其餘都是在旅途中遇到什麼，就解決什麼。因此才會說，這是一場冒險，能夠完成，當然是絕佳的運氣。

抵達的第一天，就意外百出。住宿這件事，也始終是問題。例如在關原古戰場紀念館時，大雨磅礡，但是查詢四周的飯店，不是停業，就是無法預定。這時候，只能求助經營旅行業的EMBA同學承曄協助，幫我們找適合的旅館。從此之後，我們就不用再煩惱住宿問題。即便是三餐也是一樣，便利商店當然是我們的好夥伴，可是即使是學立或孟哲隨便在路上指定的餐廳，都是意外的好吃。

那麼，路上的驚險呢？那幾天，大概只有兩天是下雨，其餘時間都是適合騎車的天氣，況且即便淋成落湯雞，我們也沒有人感冒。雖然山梨縣、長野縣大部分的路況不好，我們甚至連續要經過三個長隧道，卡車就這麼呼嘯而過，一點也沒有想要禮讓自行車的意思。在黑夜中，我們甚至要經過雜草叢生的快速道路慢車道，那種慢車道，應該是很久沒人經過，因此可能要放慢速度。我們甚至曾經遇過，一根粗壯的樹枝就這麼橫越在慢車道上，還好學立放慢速度，我們才沒撞到。整體來說，路況不會太好，但是我們還是平安抵達目的地。連我們三個人的爆胎都只有發生一次在我身上。而這次爆胎，因為我的輪胎剛好是沒有內胎的情況，所以原先的補胎液就順利解決了問題，後面的旅程也得以順利進行，這都是旅程中最幸運的地方。

不要忘記這趟旅途中的獲得，

人生中所面對的苦難和磨練，往往都有其目的；

要試著去接受那些不確定和意外，

因為它們就是旅途中的一部分。

學立在旅程結束後，寫下了這段話：「拐你爬坡的時候，我常常說『快點拿出即將五十歲男人的氣魄』。不過，騎車跟在你後面，看著你，歪著頭，努力踩著踏板，是蠻感動的，因為你其實已經不需要這麼努力去證明什麼了。祝你生日快樂，是希望你真的快樂，雖然有時候很難。不要忘記這趟旅途中的獲得，人生中所面對的苦難和磨練，往往都有其目的；要試著去接受那些不確定和意外，因為它們就是旅途中的一部分。」

旅程中所有的小幸運，都是上天給我們的恩惠。到了這個年紀，體會到這個道理，應該是這趟旅程最有意義的一件事了。

來自許多人的幫忙與祝福

夥伴／學立

很多人會用這輩子有沒有對中過發票來衡量自己的運氣，如果用這個標準來看，我的運氣不算太好，因為我不喜歡對發票。主要是蒐集整理好發票，再一張一張拿出來對，最後落實這個月又沒有中獎這件事，實在不是太愉快，所以做過幾次後，就養成把發票直接丟掉的習慣。而這樣做有一個好處，常會在新聞上出現那種「一顆茶葉蛋，頭獎發票無人認領。」的標題時，就可以自我安慰：「那張中獎發票應該就是我的。」

*　*　*　*　*　*

為了讓我們回程還能把車子託運上飛

機，我們需要攜車箱也能抵達京都，但這個大型的車箱要怎麼和我們一起到京都呢？當然不可能把這麼大的箱子綁在公路車上一起旅行。雖然行前我和老劉在網路上做足功課，但攜車箱的大小都超過日本郵寄或宅配大件包裹的尺寸規定，為了這件事，老劉甚至寫了幾封 email 還附上我們的車箱尺寸給東京的飯店，得到的回覆是飯店願意收費幫我們把三個箱子寄到京都。

當然，事情沒有這麼簡單，依靠日本車店的熱情幫忙，專業的技師順利解決老劉車輛問題，但當晚入住的飯店，看見了我們的攜車箱後，櫃檯小姐操著簡潔無比的英文，用典型日式道歉口吻告訴我們「No sorry too big」。雖然拿出我們往來的 email 和她確認，但得到的回覆還是「No sorry too big」。當時已經是晚上七點了，哪裡還有郵局、宅急便可以問，老呂去機場拿他忘記帶的東西還沒回來，我肚子有點餓，便和老劉說：「先去吃碗拉麵如何？」

來日本不吃碗拉麵，實在不行，尤其是街頭美食盛行的東京都會區，我們兩個挑了一間比較不用排隊的拉麵店，坐在吧檯看著裡面的師傅下麵、甩水、裝碗一氣呵成，高湯裡浮著罪惡的豬背油，白色的蔥花還有大塊的叉燒，是直球對決風格的拉麵，我們兩個稀哩呼嚕地吃了起來。

「欸，不然我們把箱子拆開變成平的，這樣就可以寄了吧？」老劉咬了一口叉燒一邊說。

畢竟我們的車箱和紙箱的邏輯一樣，確實是可以拆的，但要把金屬的底座和滑輪拆下來。「好啊，不然試試。」我說。

飯後我們兩個，就在沿著東京車站走，散步助消化順便找便利商店，要買膠帶和固定用的尼龍繩，我們在後火車站找到一間全家便利商店，走進去就拿了兩捆大的封箱膠帶、尼龍繩，還有啤酒，結完帳我們兩個邊走邊喝，看著袋子裡的

夥伴／孟哲

第一天就遇到輪胎裝不上腳踏車的問題，
我拿著那個裝不上去的後輪，走在往腳踏車店的路上，
心裡想著這五個月來的訓練，會不會是一場空？
我不能去的話，誰幫他們拍照？

膠帶，我打趣地和老劉說：「如果你是店員，會不會以為我們是去綁架，還要買酒壯膽。」

他苦笑了一下，估計是因為我們要回去拆箱子，沒有綁架人這麼困難，但也不是件容易的事，即使有啤酒壯膽。

此時，在臺灣的同事打電話來，他以前在日本讀書，遇到這個問題，我請他在網路上幫忙看看日本郵局和宅配的規定，他建議我們去找一個叫「SAGAWA」的貨運公司。「這個廠商有很多收貨點，其中一個就在你們住的旁邊，東京車站裡面。」同事說。

剛好我們剛逛完東京車站裡面的商店街，對這間店頗有印象，門口是日本藍底白字寫了一個大大的「飛」，是一間專門幫旅客寄運各地名產紀念品的廠商。

雖然已經有回去拆箱子的心理準備，我們兩個還是決定走進去問問，裡面是一位很有日本「ヤクザ」（YAKUZA，黑道）風格的大哥坐在服務櫃檯，黝黑的皮膚，額頭還捆著一條毛巾，人卻意外地客氣。他把沒點燃的香菸夾在耳朵上，看來已經準備要打烊了，我們說明來意，他慎重地拿出一張尺寸表，上面有對應尺寸的運費。他說日文，我們說英文，最後用原子筆指出我們的車箱，是屬於其中一個某個級距、運費。並且在日曆上圈出抵達京都的時間，全部確認完爽快地說了一句日本腔的「OK」，便叫我們明天早上自己把車箱推來這裡。於是，這件煩惱半天（其實只一頓飯的時間）的問題，居然就這樣解決了，我和老劉滿臉感激，只差沒有痛哭

各種狀況和問題在運氣好的時候，

總能福至心靈地迎刃而解，

不好的時候，就只能交叉手指祈求老天爺幫忙。

流涕，彷彿看到救命恩人、再生父母。和黑道（風格）大哥鞠躬再鞠躬道別，面對我們激動的反應，他有點錯愕，但看起來很高興幫了我們這個忙。

＊＊＊＊＊

在第一間任職的事務所時，我發現某個助理會把我丟進垃圾桶的發票翻出來，整理好拿去對獎，然後中獎之後去換錢，再把錢（通常是兩百元）放在我桌上，鈔票上貼著她略帶少女筆跡寫的便條紙「曾律師你的發票中獎了，不要亂丟！！！」三個驚嘆號是助理的貼心，想證明我的運氣其實不錯，我看到的時候常會想：「這個運氣好到底是算她的還是我的？」

不管是誰的運氣都沒關係，但我們都需要，尤其是去一個不熟悉的地方騎公路車旅行。仔細回想，這趟旅行其實不算是一件太容易的事情，套句老呂常掛

在嘴邊的話「錢能解決的都是小事」。但從車輛的託運、車況、路況、天氣，在臺灣就算了，身在異國他鄉，沒有一件事是只花錢就可以解決，大部分的時候我們只能自己想辦法克服。各種狀況和問題在運氣好的時候，總能福至心靈地迎刃而解，不好的時候，就只能交叉手指祈求老天爺幫忙。

19

回憶與新的開始

在這趟艱苦的旅行裡，
這兩位夥伴帶給我的最好禮物，
就是陪伴與信任。

二〇二三年十月十一日，我們毫髮無傷的回到了臺灣。

在回臺灣的前一天，我們在繁華的京都南禪寺八千代料亭用餐，慶祝我的五十歲生日，也慶祝我們這次的旅程一切順利。其實，就一般的職業車手來看，我們這趟旅程，應該只是簡單的體驗，還稱不上是什麼冒險。然而，對於我個人而言，卻是一場華麗的挑戰。

因為，我從有記憶以來，就不是個喜歡跟別人合作的人，倒也不是英雄主義，而是擔心自己會拖累別人，或者造成別人的麻煩。在從事律師這項工作後，畢竟這個行業還是需要團隊合作，所以還是得慢慢的適應，把工作交給其他同事協助。然而，在日常生活裡，我就是習慣獨來獨往。我不喜歡把自己交給其他人，但是可以默默承接別人的情緒。這種心態，固然不會造成別人的麻煩，然而卻會讓自己對於其他人保持距離感，也覺得這樣的距離感，是人與人相處最好的方式。

有人說，理解一個人，最好的方式就是旅行。在這趟艱苦的旅行裡，這兩位夥伴帶給我的最好禮物，就是陪伴與信任。或許學立與孟哲，剛開始只是覺得我隨便說說，完全低估我的決心，但是當他們慢慢發現，我竟然是玩真的，也決定要跟我一起去冒險。在旅程中，我們彼此陪伴，讓我第一次有同伴互相依靠的感覺。而且，律師這行業，其實每天都在聽謊言，有時候是自己人，有時候是對造，謊言無所不在，也因此慢慢的會對於許多的承諾有所保留。但是，孟哲，看前看後的照顧，不論何時，都會擔心我的隨身物品是不是掉了；或是學立，關心我的牙痛、在乎我是不是全身濕透，買了衣服給我、脫下自己的外套讓我穿，都給了我對於夥伴的定義與信心。

孟哲在結束以後，在他的臉書上說了這段話：

「這天剛從東京出發，三個紅衣大叔馳騁在鬧區街頭，穿梭在那條假日會封閉車輛的銀座大街上。我刻意騎到對向人行道，幫他們拍了些照片，那時候還覺

時至中年，
能夠自己掌握的時間越來越少。
因此，這趟旅程，
只會是開始，而不是結束。

得很潮。那時候大家都還笑得出來，哪知道會遇到又餓又冷又濕、飢寒交迫、沒有盡頭的一直騎、進退兩難的山路上。十度的低溫、下不完的大雨、沒有飯店可以住、烙鏈、車錶、導航、前燈全部沒電、大卡車急速經過身邊、坡度10%、11%、12%的連續爬升、隧道裡寬度不到三十公分的直線五公里騎乘。最可怕的是，三個人只剩下一個前燈，一起騎在那種伸手不見五指、渺無人煙的林間小路。那種導航跟你說，騎進去那條沒有路燈又布滿植物的隧道。那種你不自覺的會想摸一下後面的行李包，深怕有什麼東西會坐在上面，就是那種隨時會出現鬼的道路。

回想五個月前，老闆在聚餐中突然說：『你們知道中山道嗎？那是一條從東京到京都的古道，我要去那邊騎腳踏車。』學立跟我隨口回嗆，『走啊』、『騎啊』。因為我們都知道，老闆根本沒騎過車，他連腳踏車都沒有，還想騎一條六百公里、爬升六〇〇〇公尺的路？我們繼續嘴砲著，我們要怎麼騎啊、怎麼規

我會用公路車，繼續探索這個世界，

也透過它，可以與自己和解，重新理解這個世界。

劃啊、會有多好玩啊，嘻嘻哈哈地結束了當晚的聚餐。

詎料！老闆隔天就跑去買車了。哇靠！你來真的！

接下來，就是連續五個月的訓練，沒想到我們真的平安順利的完成了。有的時候真的蠻佩服老闆的判斷與執行。以前在宇達工作時，案件明明是A走向，老闆會說，沒有，你要走B，他就是故意讓你要經過一番努力研究後，就會發現B方向還真的可以做，而且還成功了。跟這次旅程一樣，誰會想到一個半百大叔在餐廳的一番宣言，還真的能完成騎公路車橫跨日本的旅程。」

確實沒有人會想到，包括我自己。然而，在完成這趟旅程後，我確信我會繼續相信夥伴的重要，以及友情

PINARELLO

十一月三日 大名行列
小原宿本陣祭
甲州街道

的珍貴。我也會相信總有人不會背叛我，而且會持續的彼此照顧。在工作之外，還有許多值得珍惜的事物，而不是在律師這份工作之外，完全沒有個人生活。在決定要開始公路車運動後，我用慢速的方式，去觀看這個平常不會進入的新世界，不論是烏來、冷水坑、巴拉卡公路、金山，乃至於山梨縣、長野縣、岐阜縣等等，這些不會注意到的風景，其實一直在我們身邊，只是我們選擇了閉上眼睛不去看而已。

時至中年，能夠自己掌握的時間越來越少。因此，這趟旅程，只會是開始，而不是結束。我會用公路車，繼續探索這個世界，也透過它，可以與自己和解，重新理解這個世界。

直到那天，我們可以沒有遺憾的離開這個世界，回到亞利安星球時，告訴他們，地球是個非常美麗的地方。

笑著記得每一個美好時刻

夥伴／學立

老呂騎完這趟回來後，應該是上癮了，雖然不知道他說對哪一個部分著迷（應該不是止痛藥），但我們還在整理旅行照片和文字時，他就有許多大膽的計畫。

首先是那條照片看起來非常壯麗的，蘇格蘭NC500，再來是提議環北海道、九州，有時而興起，還有提到希臘騎天空之城。回來臺灣後，我們某次又選在貓下去聚餐，他拿出來一本全部是由彩色照片編輯而成的大書《世界公路車路線介紹》，放在桌上時直接占滿半張桌子。

這次我不敢再小看或懷疑他的決心，畢

竟他現在車子裝備都齊全了，加上他從日本回來後，仍有繼續練習，此時已再無中年男子的困惑了。而我只有去與不去的選擇，他則是一臉即使我們不去，也會連我們的份一起騎完的魄力。所以每次他提出一個路線，我就會認真上網研究相關路線的資訊，有時候是在通勤的路途中，有時候在辦公桌電腦前，一起騎車的友情是不能隨便對待的。

日本北海道的路線，看起來沒問題，已經有在日本騎車的經驗，即使他一個人騎完也不是問題，就看是要計畫幾天騎完的強度，而且可以繞去利尻島吃海膽買昆布。但必須說，蘇格蘭的路線讓我很感興趣，那天我在電腦螢幕前，從網頁上搜尋「蘇格蘭 NC500」，映入眼簾的是山野瀑布，蒼天和湖影一色，中間是一條連接天空盡頭的道路。地理位置的關係，植披是蕭瑟的黃綠色，毛茸茸的苔癬和草原，感覺騎車會順便路過電影人物詹姆斯・龐德（James Bond）的老家 Skyfall 莊園（按：位於 Buachaille Etive Mòr 好像真的會經過），路線主要繞行蘇格蘭北岸一圈，里程五百多英哩故得名；查完，彷彿已經聽見蘇格蘭海風吹過荒原的嗚呼聲，雖然沒辦法馬上出發，但一定要找機會和夥伴們去試試這個路線。

不過，因為工作計畫的關係，今年實在沒辦法有這麼長的假期到外國騎車，雖然老呂一直抱怨我在找藉口，但如他自己所說的，他是滿手票券在遊樂園裡學習找樂子，而我還在想辦法怎麼搞到門票入場。退休雖然需要練習，但也需要真的有辦法退休才是，至少現在的我還不知道那是什麼樣子。而除了懷抱著到異國探險、體驗美景的浪漫，還有許多現實的日常問題需要面對，不過，也正因為如此，這才更顯每次旅程的難能可貴。

伴隨這次的寫作計畫，老劉提供了很多照片作為素材，讓我們可以回憶旅途中的美好時刻，隨著文字的進展，我們三個常常會訝異於彼此對於某一個場景的印象。例如寫到晚上在山裡的舊隧道，老劉看過之後，就馬上在群組裡放上一

夥伴／孟哲

不論是老闆、學立還是我，本質上都是律師，我們都習慣替別人解決問題，
這趟旅程中，我們三個彼此激勵、相互替對方解決問題，
十天的行程中成為生命共同體，在最危險跟痛苦時，我們沒有選擇放棄，
這是這趟旅程給我們最大的收穫了。

張，我們的合照，老呂和我在橘色的燈光裡，呈倒V字形站在隧道裡，他說這個隧道很有日本動畫《神隱少女（日語：千と千尋の神隠し）》的超現實感，所以自己幫隧道起名為「千尋隧道」。老呂看了照片，直說這是「鬼隧道」，或許和他一路都莫名地堅持，在夜路中在聽鬼故事的 Youtube 頻道有關。我想起三個人在隧道裡面的迴音，走出隧道時老呂好像還哼著歌，迎面撲來空山新雨後的濕冷空氣，大家都很期待，因為再大概五公里抵達彥根市了，我們當晚的目的地。

還有一次，在寫沿途的美食，我拿著手機去給隔壁辦公室的老劉看，笑著問他說：「欸，你記得這個是什麼嗎？」

照片裡一個深褐色的陶盤，呈著翠綠色的生菜葉，生菜上放著幾顆或烤或炸過，像是動物內臟的東西，旁邊還有一片檸檬。老劉端詳了一下說：「哈，是那個雞胗，這個超好吃。」

這正是我們穿過千尋隧道在彥根市吃到的，居酒屋形式的餐廳就位於我們投宿旅館的樓下，商務飯店裡有居酒屋實在很合理，早已飢腸轆轆的我們，把菜單上的菜點了一輪，埋頭大吃。剛炸好的雞胗一口咬下，外皮脆口裡面軟嫩多汁，我記得老劉說，這是他這次旅途中吃到最好吃的東西，我們還再點了一盤，我特別拍下來紀念。不過事後依照他自己的說法，這餐他記得是水餃醬很美味，因此還點了兩盤，但最美味的一餐，毫無疑問是在諏坊湖的便利商店吃到的。

隧道、炸雞胗、水餃醬，這種彼此毫無關連的存在和排列，卻是真實發生在我們的旅途中的一天，像是可以沒頭沒腦地打在搜尋引擎上查找的關鍵字，我們會像是在玩拼圖一樣，一邊笑著說「有這樣嗎？」「你怎麼還記得這個。」一邊回顧當時的感受。有些沒有照片的部分，因為三個人共處在當下，像是沒有桃太郎糯米糰的猴、雞、狗，我們淋著一樣的雨水、縮著身體發冷、倚靠著彼此擋風，在深山裡的便利商店分著一塊麵包吃，每一個猶豫要不要繼續騎下去黑暗小路，有時候雖然一路無語，但心意相通。每一個回憶都提醒我，要記得人可以為了彼此勇敢，為了夥伴去努力，時常要想著自己有能力幫助別人，也同時是一個需要被幫助的人，人雖然可以單打獨鬥地活著，但團隊合作才能更好地走完每一段路，笑著記得每一個美好時刻。

朋友看了幾張旅途中的照片，打趣地說：「沿途只有老曾還笑得出來。」

姑且不論是否如此，在我的手機，為數不多的幾張照片中，確實有幾張，老呂因為忍受牙齒痛而表情猙獰的照片，但也有可能只是剛好是遇到爬坡；另外我還拍了幾張老劉的照片，他一路幫我們拍照記錄，容易漏了自己，其中一張的他，看起來正因為思考如何取景、構圖而面露嚴肅。只有我在笑，或許吧，因為能和大家一起旅行，真的很開心。

每一個回憶都提醒我，要記得人可以為了彼此勇敢，為了夥伴去努力，
時常要想著自己有能力幫助別人，也同時是一個需要被幫助的人。

國家圖書館出版品預行編目資料

中年好秋：人生如騎行，不論面對上坡或下坡，我們都要好好的把路走下去　呂秋遠、曾學立、劉孟哲 著；劉孟哲 攝；臺北市：三采文化股份有限公司，2024.09
面；　公分 –(Mind Map 275)
ISBN　978-626-358-494-5(平裝)

1.CST: 人生哲學

191.9　　113012398

Mind Map 275

中年好秋

人生如騎行，不論面對上坡或下坡，我們都要好好的把路走下去

作者｜呂秋遠、曾學立、劉孟哲　攝影｜劉孟哲
編輯一部 總編輯｜郭玫禎　美術主編｜藍秀婷
封面設計｜莊馥如　內頁排版｜周惠敏
行銷協理｜張育珊　行銷企劃副理｜周傳雅

發行人｜張輝明　總編輯長｜曾雅青　發行所｜三采文化股份有限公司
地址｜台北市內湖區瑞光路 513 巷 33 號 8 樓
傳訊｜TEL: (02) 8797-1234　FAX: (02) 8797-1688　網址｜www.suncolor.com.tw
郵政劃撥｜帳號：14319060　戶名：三采文化股份有限公司
初版發行｜2024 年 9 月 27 日 定價｜NT$420
2刷｜2024 年 10月10 日

suncolor

suncolor